Sabores da Natureza

Receitas Vegetarianas para uma Vida Mais Saudável

Ana Silva

Direitos autorais 2023

Todos os direitos reservados

Todos os direitos reservados. Nenhuma parte deste livro pode ser reproduzida ou copiada de qualquer forma ou por qualquer meio, eletrônico ou mecânico, incluindo fotocópia, gravação ou por qualquer sistema de armazenamento e recuperação de informações, sem permissão por escrito do editor, exceto para a inclusão de breves citações em Uma revisão.

Aviso-Isenção de responsabilidade

O objetivo das informações contidas neste livro é ser o mais preciso possível. O autor e o editor não terão qualquer responsabilidade perante ninguém com relação a qualquer perda ou dano causado, ou alegadamente causado, direta ou indiretamente pelas informações fornecidas neste livro.

Índice

Sopa Clássica de Lentilha com Acelga 12

Sopa Picante de Farro de Inverno 14

Salada de grão de bico arco-íris 16

Salada de Lentilha Estilo Mediterrâneo 18

Salada de Espargos Assados e Abacate 20

Salada Cremosa de Feijão Verde com Pinhões 22

Sopa de Feijão Cannellini com Couve 24

. Sopa Farta de Creme de Cogumelos 25

Salada Panzanella Italiana Autêntica 28

Salada de Quinoa e Feijão Preto 30

Salada Rica de Bulgur com Ervas 32

Salada Clássica de Pimenta Assada 36

Sopa Farta de Quinoa de Inverno 38

Salada de Lentilha Verde 40

. Sopa de Abóbora Bolota, Grão de Bico e Cuscuz 42

. Sopa de Repolho com Crostini de Alho 44

Sopa Creme De Feijão Verde 47

Sopa Tradicional de Cebola Francesa 49

. Sopa De Cenoura Assada 51

Salada de Macarrão Penne Italiana 53

Salada Indiana Chana Chaat 55

Salada de Tempeh e Macarrão Estilo Tailandês 57

Sopa Clássica de Creme de Brócolis 59

Salada Marroquina de Lentilha e Passas 61

Salada de Espargos e Grão de Bico 63

Salada de Feijão Verde à Moda Antiga 66

Sopa de Feijão de Inverno 68

Sopa de cogumelos Cremini à italiana 70

Sopa Cremosa De Batata Com Ervas 73

Salada de Quinoa e Abacate 75

Salada Tabule com Tofu 77

Salada verde 79

Borscht Ucraniano Tradicional 82

Salada de Lentilha Beluga 85

Salada Naan Estilo Indiano 87

Salada de Pimenta Assada à Grega 89

Sopa de feijão e batata 92

Salada de Quinoa de Inverno com Picles 94

Sopa de Cogumelos Silvestres Assados 97

Sopa de feijão verde estilo mediterrâneo 99

Sopa Creme De Cenoura 101

Salada de Pizza Italiana Nonna 104

Sopa Cremosa de Vegetais Dourados 106

Sopa de Couve Flor Assada 109

Rajma Dal Indiano Tradicional 113

Salada de Feijão Vermelho 115

Feijão Anasazi e Ensopado de Legumes 117

Shakshuka fácil e saudável 119

Pimentão à moda antiga 121

Salada Fácil de Lentilha Vermelha 124

Salada de grão de bico estilo mediterrâneo 126

Feijão Toscano Tradicional (Ribollita) 129

Lentilha Beluga e Mélange de Vegetais 131

Tigelas de taco mexicanas de grão de bico 133

Dal Makhani indiano 135

Tigela de feijão estilo mexicano 137

Minestrone italiano clássico 139

Ensopado de Lentilha Verde com Couve 141

Medley de legumes com grão de bico 143

Molho de Feijão Quente 145

Salada de Soja Estilo Chinês 147

Ensopado de Lentilhas e Legumes à Moda Antiga 150

Chana Masala indiana 152

Patê de Feijão Vermelho 154

Tigela de Lentilha Marrom 156

Sopa de Feijão Anasazi Quente e Picante................................... 158

Salada de Ervilha Preta (Ñebbe) 160

O famoso pimentão da mamãe... 162

Salada Cremosa de Grão de Bico com Pinhões 164

Tigela Buda de Feijão Preto 166

Ensopado de grão de bico do Oriente Médio............................. 168

Molho de Lentilha e Tomate 170

Salada Cremosa De Ervilha Verde 172

Hummus de Za'atar do Oriente Médio....................................... 175

Salada de Lentilha com Pinhões 177

Salada Quente de Feijão Anasazi... 179

Ensopado Mnazaleh Tradicional... 181

Pasta de lentilha vermelha apimentada.................................... 183

Ervilha de neve temperada e frita no wok 185

Pimentão rápido todos os dias... 187

Salada Cremosa De Ervilha Preta... 189

Abacates Recheados com Grão de Bico 191

Sopa de feijao preto... 193

Salada de Lentilha Beluga com Ervas.. 197

Salada de Feijão Italiana.. 200

Tomate Recheado De Feijão Branco... 202

Sopa de ervilha de inverno 204

Rissóis de Feijão Vermelho 206

Hambúrgueres Caseiros De Ervilha 208

Ensopado de Feijão Preto e Espinafre 210

Cheesecake de framboesa crua 212

Mini Tortas De Limão 214

Blondies fofos de coco com passas 217

Quadrados de chocolate fáceis 219

Barras de biscoitos de chocolate e passas 221

Barras de granola de amêndoa 223

SOPAS E SALADAS

Sopa Clássica de Lentilha com Acelga

(Pronto em cerca de 25 minutos | Porções 5)

Por porção: Calorias: 148; Gordura: 7,2g; Carboidratos: 14,6g; Proteína: 7,7g

Ingredientes

2 colheres de sopa de azeite

1 cebola branca picada

1 colher de chá de alho picado

2 cenouras grandes picadas

1 pastinaga picada

2 talos de aipo picado

2 folhas de louro

1/2 colher de chá de tomilho seco

1/4 colher de chá de cominho em pó

5 xícaras de caldo de legumes assado

1 ¼ xícara de lentilhas marrons, embebidas durante a noite e enxaguadas

2 xícaras de acelga, rasgada em pedaços

instruções

Em uma panela de fundo grosso, aqueça o azeite em fogo moderado. Agora refogue os legumes junto com os temperos por cerca de 3 minutos até que estejam macios.

Adicione o caldo de legumes e as lentilhas, deixando ferver. Imediatamente leve ao fogo para ferver e adicione as folhas de louro. Deixe cozinhar por cerca de 15 minutos ou até as lentilhas ficarem macias.

Adicione a acelga, tampe e deixe ferver por mais 5 minutos ou até a acelga murchar.

Sirva em taças individuais e delicie-se!

Sopa Picante de Farro de Inverno

(Pronto em cerca de 30 minutos | Porções 4)

Por porção: Calorias: 298; Gordura: 8,9g; Carboidratos: 44,6g; Proteína: 11,7g

Ingredientes

2 colheres de sopa de azeite

1 alho-poró de tamanho médio, picado

1 nabo de tamanho médio, fatiado

2 pimentões italianos, sem sementes e picados

1 pimenta jalapeño picada

2 batatas descascadas e cortadas em cubos

4 xícaras de caldo de legumes

1 xícara de farro, enxaguado

1/2 colher de chá de alho granulado

1/2 colher de chá de açafrão em pó

1 louro

2 xícaras de espinafre, transforme em pedaços

instruções

Em uma panela de fundo grosso, aqueça o azeite em fogo moderado. Agora, refogue o alho-poró, o nabo, o pimentão e as batatas por cerca de 5 minutos até ficarem crocantes e macios.

Adicione o caldo de legumes, o farro, o alho granulado, a cúrcuma e o louro; leve para ferver.

Imediatamente ligue o fogo para ferver. Deixe cozinhar por cerca de 25 minutos ou até que o farro e as batatas amoleçam.

Adicione o espinafre e retire a panela do fogo; deixe o espinafre descansar no calor residual até murchar. Bom apetite!

Salada de grão de bico arco-íris

(Pronto em cerca de 30 minutos | Porções 4)

Por porção: Calorias: 378; Gordura: 24g; Carboidratos: 34,2g; Proteína: 10,1g

Ingredientes

16 onças de grão de bico enlatado, escorrido

1 abacate médio, fatiado

1 pimentão, sem sementes e fatiado

1 tomate grande, fatiado

2 pepinos em cubos

1 cebola roxa fatiada

1/2 colher de chá de alho picado

1/4 xícara de salsa fresca picada

1/4 xícara de azeite

2 colheres de sopa de vinagre de maçã

1/2 limão, espremido na hora

Sal marinho e pimenta preta moída a gosto

instruções

Misture todos os ingredientes em uma saladeira.

Coloque a salada na geladeira por cerca de 1 hora antes de servir.

Bom apetite!

Salada de Lentilha Estilo Mediterrâneo

(Pronto em cerca de 20 minutos + tempo de resfriamento | Porções 5)

Por porção: Calorias: 348; Gordura: 15g; Carboidratos: 41,6g; Proteína: 15,8g

Ingredientes

1 ½ xícara de lentilha vermelha, enxaguada

1 colher de chá de mostarda deliciosa

1/2 limão, espremido na hora

2 colheres de sopa de molho de tamari

2 talos de cebolinha picados

1/4 xícara de azeite extra-virgem

2 dentes de alho picados

1 xícara de alface americana, rasgada em pedaços

2 colheres de sopa de salsa fresca picada

2 colheres de sopa de coentro fresco picado

1 colher de chá de manjericão fresco

1 colher de chá de orégano fresco

1 ½ xícara de tomate cereja, cortado ao meio

3 onças de azeitonas Kalamata, sem caroço e cortadas ao meio

instruções

Em uma panela grande, leve 4 ½ xícaras de água e as lentilhas vermelhas para ferver.

Imediatamente aumente o fogo para ferver e continue a cozinhar as lentilhas por cerca de 15 minutos ou até ficarem macias. Escorra e deixe esfriar completamente.

Transfira as lentilhas para uma saladeira; misture as lentilhas com os ingredientes restantes até incorporar bem.

Sirva gelado ou à temperatura ambiente. Bom apetite!

Salada de Espargos Assados e Abacate

(Pronto em cerca de 20 minutos + tempo de resfriamento | Porções 4)

Por porção: Calorias: 378; Gordura: 33,2g; Carboidratos: 18,6g; Proteína: 7,8g

Ingredientes

1 quilo de aspargos, aparados e cortados em pedaços pequenos

1 cebola branca picada

2 dentes de alho picados

1 tomate Roma, fatiado

1/4 xícara de azeite

1/4 xícara de vinagre balsâmico

1 colher de sopa de mostarda moída na pedra

2 colheres de sopa de salsa fresca picada

1 colher de sopa de coentro fresco picado

1 colher de sopa de manjericão fresco picado

Sal marinho e pimenta preta moída a gosto

1 abacate pequeno, sem caroço e cortado em cubos

1/2 xícara de pinhões, picados grosseiramente

instruções

Comece pré-aquecendo o forno a 420 graus F.

Misture os aspargos com 1 colher de sopa de azeite e arrume-os em uma assadeira forrada com pergaminho.

Asse por cerca de 15 minutos, girando a panela uma ou duas vezes para promover um cozimento uniforme. Deixe esfriar completamente e coloque na saladeira.

Misture os aspargos com os legumes, o azeite, o vinagre, a mostarda e as ervas. Sal e pimenta a gosto.

Misture bem e cubra com abacate e pinhões. Bom apetite!

Salada Cremosa de Feijão Verde com Pinhões

(Pronto em cerca de 10 minutos + tempo de resfriamento | Porções 5)

Por porção: Calorias: 308; Gordura: 26,2g; Carboidratos: 16,6g; Proteína: 5,8g

Ingredientes

1 ½ libra de feijão verde, aparado

2 tomates médios, picados

2 pimentões, sem sementes e cortados em cubos

4 colheres de sopa de chalotas picadas

1/2 xícara de pinhões, picados grosseiramente

1/2 xícara de maionese vegana

1 colher de sopa de mostarda deliciosa

2 colheres de sopa de manjericão fresco picado

2 colheres de sopa de salsa fresca picada

1/2 colher de chá de pimenta vermelha em flocos, esmagada

Sal marinho e pimenta preta moída na hora, a gosto

instruções

Ferva o feijão verde em uma panela grande com água e sal até ficar macio ou cerca de 2 minutos.

Escorra e deixe o feijão esfriar completamente; em seguida, transfira-os para uma saladeira. Misture o feijão com os ingredientes restantes.

Prove e ajuste os temperos. Bom apetite!

Sopa de Feijão Cannellini com Couve

(Pronto em cerca de 25 minutos | Porções 5)

Por porção: Calorias: 188; Gordura: 4,7g; Carboidratos: 24,5g; Proteína: 11,1g

Ingredientes

1 colher de sopa de azeite

1/2 colher de chá de gengibre picado

1/2 colher de chá de sementes de cominho

1 cebola roxa picada

1 cenoura aparada e picada

1 pastinaga aparada e picada

2 dentes de alho picados

5 xícaras de caldo de legumes

12 onças de feijão Cannellini, escorrido

2 xícaras de couve rasgada em pedaços

Sal marinho e pimenta preta moída a gosto

instruções

Em uma panela de fundo grosso, aqueça a azeitona em fogo médio-alto. Agora, refogue o gengibre e o cominho por cerca de 1 minuto.

Agora adicione a cebola, a cenoura e a pastinaga; continue refogando por mais 3 minutos ou até que os vegetais estejam macios.

Adicione o alho e continue refogando por 1 minuto ou até ficar aromático.

Em seguida, coloque o caldo de legumes e deixe ferver. Reduza imediatamente o fogo para ferver e deixe cozinhar por 10 minutos.

Junte o feijão Cannellini e a couve; continue a ferver até que a couve murche e tudo esteja bem aquecido. Tempere com sal e pimenta a gosto.

Distribua em tigelas individuais e sirva quente. Bom apetite!

. Sopa Farta de Creme de Cogumelos

(Pronto em cerca de 15 minutos | Porções 5)

Por porção: Calorias: 308; Gordura: 25,5g; Carboidratos: 11,8g; Proteína: 11,6g

Ingredientes

2 colheres de sopa de manteiga de soja

1 chalota grande picada

20 onças de cogumelos Cremini, fatiados

2 dentes de alho picados

4 colheres de sopa de farinha de linhaça

5 xícaras de caldo de legumes

1 1/3 xícara de leite de coco integral

1 folha de louro

Sal marinho e pimenta preta moída a gosto

instruções

Em uma panela, derreta a manteiga vegana em fogo médio-alto. Quando estiver bem quente, cozinhe a cebola por cerca de 3 minutos até ficar macia e perfumada.

Adicione os cogumelos e o alho e continue cozinhando até os cogumelos amolecerem. Adicione a farinha de linhaça e continue cozinhando por mais ou menos 1 minuto.

Adicione os ingredientes restantes. Deixe ferver, tampe e continue cozinhando por mais 5 a 6 minutos até que a sopa engrosse um pouco.

Bom apetite!

Salada Panzanella Italiana Autêntica

(Pronto em cerca de 35 minutos | Porções 3)

Por porção: Calorias: 334; Gordura: 20,4g; Carboidratos: 33,3g; Proteína: 8,3g

Ingredientes

3 xícaras de pão artesanal, quebrado em cubos de 1 polegada

3/4 libra de aspargos, aparados e cortados em pedaços pequenos

4 colheres de sopa de azeite extra-virgem

1 cebola roxa picada

2 colheres de sopa de suco de limão fresco

1 colher de chá de mostarda deliciosa

2 tomates tradicionais médios, cortados em cubos

2 xícaras de rúcula

2 xícaras de espinafre bebê

2 pimentões italianos, sem sementes e fatiados

Sal marinho e pimenta preta moída a gosto

instruções

Disponha os cubos de pão em uma assadeira forrada de pergaminho. Asse no forno pré-aquecido a 310 graus F por cerca de 20 minutos, girando a assadeira duas vezes durante o tempo de cozimento; reserva.

Ligue o forno a 420 graus F e misture os aspargos com 1 colher de sopa de azeite. Asse os aspargos por cerca de 15 minutos ou até ficarem crocantes e macios.

Misture os ingredientes restantes em uma saladeira; cubra com os aspargos assados e o pão torrado.

Bom apetite!

Salada de Quinoa e Feijão Preto

(Pronto em cerca de 15 minutos + tempo de resfriamento | Porções 4)

Por porção: Calorias: 433; Gordura: 17,3g; Carboidratos: 57g; Proteína: 15,1g

Ingredientes

2 xícaras de água

1 xícara de quinoa, enxaguada

16 onças de feijão preto enlatado, escorrido

2 tomates Roma, fatiados

1 cebola roxa em fatias finas

1 pepino, sem sementes e picado

2 dentes de alho prensados ou picados

2 pimentões italianos, sem sementes e fatiados

2 colheres de sopa de salsa fresca picada

2 colheres de sopa de coentro fresco picado

1/4 xícara de azeite

1 limão espremido na hora

1 colher de sopa de vinagre de maçã

1/2 colher de chá de endro seco

1/2 colher de chá de orégano seco

Sal marinho e pimenta preta moída a gosto

instruções

Coloque a água e a quinoa em uma panela e leve para ferver. Imediatamente ligue o fogo para ferver.

Deixe ferver por cerca de 13 minutos até que a quinoa tenha absorvido toda a água; afofe a quinoa com um garfo e deixe esfriar completamente. Em seguida, transfira a quinoa para uma saladeira.

Adicione os ingredientes restantes à saladeira e misture bem. Bom apetite!

Salada Rica de Bulgur com Ervas

(Pronto em cerca de 20 minutos + tempo de resfriamento | Porções 4)

Por porção: Calorias: 408; Gordura: 18,3g; Carboidratos: 51,8g; Proteína: 13,1g

Ingredientes

2 xícaras de água

1 xícara de bulgur

12 onças de grão de bico enlatado, escorrido

1 pepino persa em fatias finas

2 pimentões, sem sementes e cortados em fatias finas

1 pimenta jalapeño, sem sementes e cortada em fatias finas

2 tomates Roma, fatiados

1 cebola em fatias finas

2 colheres de sopa de manjericão fresco picado

2 colheres de sopa de salsa fresca picada

2 colheres de sopa de hortelã fresca picada

2 colheres de sopa de cebolinha fresca picada

4 colheres de sopa de azeite

1 colher de sopa de vinagre balsâmico

1 colher de sopa de suco de limão

1 colher de chá de alho fresco, prensado

Sal marinho e pimenta preta moída na hora, a gosto

2 colheres de sopa de fermento nutricional

1/2 xícara de azeitonas Kalamata, fatiadas

instruções

Em uma panela, leve a água e o bulgur para ferver. Imediatamente leve ao fogo para ferver e deixe cozinhar por cerca de 20 minutos ou até que o bulgur esteja macio e a água quase absorvida. Amasse com um garfo e espalhe em uma bandeja grande para deixar esfriar.

Coloque o bulgur numa saladeira seguido do grão de bico, pepino, pimentão, tomate, cebola, manjericão, salsa, hortelã e cebolinha.

Numa pequena tigela, misture o azeite, o vinagre balsâmico, o suco de limão, o alho, o sal e a pimenta-do-reino. Tempere a salada e misture bem.

Polvilhe fermento nutricional por cima, decore com azeitonas e sirva em temperatura ambiente. Bom apetite!

Salada Clássica de Pimenta Assada

(Pronto em cerca de 15 minutos + tempo de resfriamento | Porções 3)

Por porção: Calorias: 178; Gordura: 14,4g; Carboidratos: 11,8g; Proteína: 2,4g

Ingredientes

6 pimentões

3 colheres de sopa de azeite extra-virgem

3 colheres de chá de vinagre de vinho tinto

3 dentes de alho picados finamente

2 colheres de sopa de salsa fresca picada

Sal marinho e pimenta preta recém-quebrada, a gosto

1/2 colher de chá de pimenta vermelha em flocos

6 colheres de sopa de pinhões, picados grosseiramente

instruções

Grelhe os pimentões em uma assadeira forrada de pergaminho por cerca de 10 minutos, girando a panela na metade do tempo de cozimento, até que estejam carbonizados por todos os lados.

Em seguida, cubra os pimentões com um filme plástico para cozinhar no vapor. Descarte a casca, as sementes e os caroços.

Corte os pimentões em tiras e misture-os com os ingredientes restantes. Coloque na geladeira até a hora de servir. Bom apetite!

Sopa Farta de Quinoa de Inverno

(Pronto em cerca de 25 minutos | Porções 4)

Por porção: Calorias: 328; Gordura: 11,1g; Carboidratos: 44,1g; Proteína: 13,3g

Ingredientes

2 colheres de sopa de azeite

1 cebola picada

2 cenouras descascadas e picadas

1 pastinaga picada

1 talo de aipo picado

1 xícara de abóbora amarela picada

4 dentes de alho, prensados ou picados

4 xícaras de caldo de legumes assado

2 tomates médios esmagados

1 xícara de quinoa

Sal marinho e pimenta preta moída a gosto

1 louro

2 xícaras de acelga, costelas duras removidas e rasgadas em pedaços

2 colheres de sopa de salsa italiana picada

instruções

Em uma panela de fundo grosso, aqueça a azeitona em fogo médio-alto. Agora refogue a cebola, a cenoura, a pastinaga, o aipo e a abóbora por cerca de 3 minutos ou até que os vegetais estejam macios.

Adicione o alho e continue refogando por 1 minuto ou até ficar aromático.

Em seguida, junte o caldo de legumes, o tomate, a quinoa, o sal, a pimenta e o louro; leve para ferver. Reduza imediatamente o fogo para ferver e deixe cozinhar por 13 minutos.

Junte a acelga; continue a ferver até a acelga murchar.

Distribua em tigelas individuais e sirva decorado com salsa fresca. Bom apetite!

Salada de Lentilha Verde

(Pronto em cerca de 20 minutos + tempo de resfriamento | Porções 5)

Por porção: Calorias: 349; Gordura: 15,1g; Carboidratos: 40,9g; Proteína: 15,4g

Ingredientes

1 ½ xícara de lentilhas verdes, enxaguadas

2 xícaras de rúcula

2 xícaras de alface romana, rasgada em pedaços

1 xícara de espinafre bebê

1/4 xícara de manjericão fresco picado

1/2 xícara de chalotas picadas

2 dentes de alho picados finamente

1/4 xícara de tomates secos ao sol embalados em óleo, enxaguados e picados

5 colheres de sopa de azeite extra-virgem

3 colheres de sopa de suco de limão fresco

Sal marinho e pimenta preta moída a gosto

instruções

Em uma panela grande, leve 4 ½ xícaras de água e lentilhas vermelhas para ferver.

Imediatamente leve o fogo para ferver e continue a cozinhar as lentilhas por mais 15 a 17 minutos ou até que estejam macias, mas não moles. Escorra e deixe esfriar completamente.

Transfira as lentilhas para uma saladeira; misture as lentilhas com os ingredientes restantes até incorporar bem.

Sirva gelado ou à temperatura ambiente. Bom apetite!

. Sopa de Abóbora Bolota, Grão de Bico e Cuscuz

(Pronto em cerca de 20 minutos | Porções 4)

Por porção: Calorias: 378; Gordura: 11g; Carboidratos: 60,1g; Proteína: 10,9g

Ingredientes

2 colheres de sopa de azeite

1 chalota picada

1 cenoura aparada e picada

2 xícaras de abóbora picada

1 talo de aipo picado

1 colher de chá de alho picado

1 colher de chá de alecrim seco picado

1 colher de chá de tomilho seco picado

2 xícaras de sopa de creme de cebola

2 xícaras de água

1 xícara de cuscuz seco

Sal marinho e pimenta preta moída a gosto

1/2 colher de chá de pimenta vermelha em flocos

6 onças de grão de bico enlatado, escorrido

2 colheres de sopa de suco de limão fresco

instruções

Em uma panela de fundo grosso, aqueça a azeitona em fogo médio-alto. Agora, refogue a cebola, a cenoura, a abóbora e o aipo por cerca de 3 minutos ou até que os vegetais estejam macios.

Adicione o alho, o alecrim e o tomilho e continue refogando por 1 minuto ou até ficar aromático.

Em seguida, misture a sopa, a água, o cuscuz, o sal, a pimenta-do-reino e a pimenta vermelha em flocos; leve para ferver. Reduza imediatamente o fogo para ferver e deixe cozinhar por 12 minutos.

Junte o grão de bico enlatado; continue a ferver até aquecer ou cerca de 5 minutos mais.

Distribua em tigelas individuais e regue com o suco de limão por cima. Bom apetite!

. Sopa de Repolho com Crostini de Alho

(Pronto em cerca de 1 hora | Porções 4)

Por porção: Calorias: 408; Gordura: 23,1g; Carboidratos: 37,6g; Proteína: 11,8g

Ingredientes

Sopa:

2 colheres de sopa de azeite

1 alho-poró médio picado

1 xícara de nabo picado

1 pastinaga picada

1 cenoura picada

2 xícaras de repolho picado

2 dentes de alho picados finamente

4 xícaras de caldo de legumes

2 folhas de louro

Sal marinho e pimenta preta moída a gosto

1/4 colher de chá de sementes de cominho

1/2 colher de chá de sementes de mostarda

1 colher de chá de manjericão seco

2 tomates em purê

Crostini:

8 fatias de baguete

2 cabeças de alho

4 colheres de sopa de azeite extra-virgem

instruções

Em uma panela de sopa, aqueça 2 colheres de sopa de azeitona em fogo médio-alto. Agora refogue o alho-poró, o nabo, a pastinaca e a cenoura por cerca de 4 minutos ou até que os vegetais estejam macios e crocantes.

Adicione o alho e o repolho e continue refogando por 1 minuto ou até ficar aromático.

Em seguida, junte o caldo de legumes, o louro, o sal, a pimenta-do-reino, as sementes de cominho, as sementes de mostarda, o manjericão seco e o purê de tomate; leve para ferver. Reduza imediatamente o fogo para ferver e deixe cozinhar por cerca de 20 minutos.

Enquanto isso, pré-aqueça o forno a 375 graus F. Agora, asse o alho e as fatias de baguete por cerca de 15 minutos. Retire o crostini do forno.

Continue assando o alho por mais 45 minutos ou até ficar bem macio. Deixe o alho esfriar.

Agora, corte cada cabeça de alho com uma faca serrilhada afiada para separar todos os dentes.

Esprema os dentes de alho torrados da casca. Amasse a polpa de alho com 4 colheres de sopa de azeite extra-virgem.

Espalhe a mistura de alho torrado uniformemente por cima dos crostini. Sirva com a sopa quente. Bom apetite!

Sopa Creme De Feijão Verde

(Pronto em cerca de 35 minutos | Porções 4)

Por porção: Calorias: 410; Gordura: 19,6g; Carboidratos: 50,6g; Proteína: 13,3g

Ingredientes

1 colher de sopa de óleo de gergelim

1 cebola picada

1 pimentão verde, sem sementes e picado

2 batatas russet, descascadas e cortadas em cubos

2 dentes de alho picados

4 xícaras de caldo de legumes

1 libra de feijão verde, aparado

Sal marinho e pimenta preta moída, para temperar

1 xícara de leite de coco integral

instruções

Em uma panela de fundo grosso, aqueça o gergelim em fogo médio-alto. Agora refogue a cebola, o pimentão e as batatas por cerca de 5 minutos, mexendo periodicamente.

Adicione o alho e continue refogando por 1 minuto ou até ficar perfumado.

Em seguida, misture o caldo de legumes, o feijão verde, o sal e a pimenta-do-reino; leve para ferver. Reduza imediatamente o fogo para ferver e deixe cozinhar por 20 minutos.

Bata a mistura de feijão verde no liquidificador de imersão até ficar cremoso e uniforme.

Devolva a mistura de purê para a panela. Junte o leite de coco e continue cozinhando até aquecer ou cerca de 5 minutos a mais.

Distribua em tigelas individuais e sirva quente. Bom apetite!

Sopa Tradicional de Cebola Francesa

(Pronto em cerca de 1 hora e 30 minutos | Porções 4)

Por porção: Calorias: 129; Gordura: 8,6g; Carboidratos: 7,4g; Proteína: 6,3g

Ingredientes

2 colheres de sopa de azeite

2 cebolas amarelas grandes, cortadas em fatias finas

2 raminhos de tomilho picados

2 raminhos de alecrim picados

2 colheres de chá de vinagre balsâmico

4 xícaras de caldo de legumes

Sal marinho e pimenta preta moída a gosto

instruções

Em forno holandês, aqueça o azeite em fogo moderado. Agora cozinhe a cebola com tomilho, alecrim e 1 colher de chá de sal marinho por cerca de 2 minutos.

Agora, aumente o fogo para médio-baixo e continue cozinhando até a cebola caramelizar ou cerca de 50 minutos.

Adicione o vinagre balsâmico e continue cozinhando por mais 15 minutos. Adicione o caldo, o sal e a pimenta-do-reino e continue cozinhando por 20 a 25 minutos.

Sirva com pão torrado e divirta-se!

Sopa De Cenoura Assada

(Pronto em cerca de 50 minutos | Porções 4)

Por porção: Calorias: 264; Gordura: 18,6g; Carboidratos: 20,1g; Proteína: 7,4g

Ingredientes

1 ½ libra de cenoura

4 colheres de sopa de azeite

1 cebola amarela picada

2 dentes de alho picados

1/3 colher de chá de cominho em pó

Sal marinho e pimenta branca, a gosto

1/2 colher de chá de açafrão em pó

4 xícaras de caldo de legumes

2 colheres de chá de suco de limão

2 colheres de sopa de coentro fresco, picado grosseiramente

instruções

Comece pré-aquecendo o forno a 400 graus F. Coloque as cenouras em uma assadeira grande forrada de pergaminho; misture as cenouras com 2 colheres de sopa de azeite.

Asse as cenouras por cerca de 35 minutos ou até amolecerem.

Em uma panela de fundo grosso, aqueça as 2 colheres de sopa restantes de azeite. Agora, refogue a cebola e o alho por cerca de 3 minutos ou até ficarem aromáticos.

Adicione o cominho, o sal, a pimenta, a cúrcuma, o caldo de legumes e as cenouras assadas. Continue a ferver por mais 12 minutos.

Purê sua sopa com um liquidificador de imersão. Regue a sopa com suco de limão e sirva guarnecido com folhas frescas de coentro. Bom apetite!

Salada de Macarrão Penne Italiana

(Pronto em cerca de 15 minutos + tempo de resfriamento | Porções 3)

Por porção: Calorias: 614; Gordura: 18,1g; Carboidratos: 101g; Proteína: 15,4g

Ingredientes

9 onças de macarrão penne

9 onças de feijão Cannellini enlatado, escorrido

1 cebola pequena em fatias finas

1/3 xícara de azeitonas Niçoise, sem caroço e fatiadas

2 pimentões italianos, fatiados

1 xícara de tomate cereja, cortado pela metade

3 xícaras de rúcula

Vestir:

3 colheres de sopa de azeite extra-virgem

1 colher de chá de raspas de limão

1 colher de chá de alho picado

3 colheres de sopa de vinagre balsâmico

1 colher de chá de mistura de ervas italianas

Sal marinho e pimenta preta moída a gosto

instruções

Cozinhe o macarrão penne conforme instruções da embalagem. Escorra e enxágue o macarrão. Deixe esfriar completamente e depois transfira para uma saladeira.

Em seguida, coloque o feijão, a cebola, as azeitonas, o pimentão, o tomate e a rúcula na saladeira.

Misture todos os ingredientes do molho até que tudo esteja bem incorporado. Tempere a salada e sirva bem gelada. Bom apetite!

Salada Indiana Chana Chaat

(Pronto em cerca de 45 minutos + tempo de resfriamento | Porções 4)

Por porção: Calorias: 604; Gordura: 23,1g; Carboidratos: 80g; Proteína: 25,3g

Ingredientes

1 quilo de grão de bico seco, embebido durante a noite

2 tomates San Marzano picados

1 pepino persa, fatiado

1 cebola picada

1 pimentão, sem sementes e cortado em fatias finas

1 pimentão verde, sem sementes e cortado em fatias finas

2 punhados de espinafre bebê

1/2 colher de chá de pimenta da Caxemira em pó

4 folhas de curry picadas

1 colher de sopa de chaat masala

2 colheres de sopa de suco de limão fresco ou a gosto

4 colheres de sopa de azeite

1 colher de chá de xarope de agave

1/2 colher de chá de sementes de mostarda

1/2 colher de chá de sementes de coentro

2 colheres de sopa de sementes de gergelim, levemente torradas

2 colheres de sopa de coentro fresco, picado grosseiramente

instruções

Escorra o grão de bico e transfira-o para uma panela grande. Cubra o grão de bico com água por 5 centímetros e leve para ferver.

Imediatamente aumente o fogo para ferver e continue cozinhando por aproximadamente 40 minutos.

Misture o grão de bico com o tomate, o pepino, a cebola, o pimentão, o espinafre, a pimenta em pó, as folhas de curry e o chaat masala.

Numa pequena tigela, misture bem o suco de limão, o azeite, o xarope de agave, as sementes de mostarda e as sementes de coentro.

Decore com sementes de gergelim e coentro fresco. Bom apetite!

Salada de Tempeh e Macarrão Estilo Tailandês

(Pronto em cerca de 45 minutos | Porções 3)

Por porção: Calorias: 494; Gordura: 14,5g; Carboidratos: 75g; Proteína: 18,7g

Ingredientes

6 onças de tempeh

4 colheres de sopa de vinagre de arroz

4 colheres de sopa de molho de soja

2 dentes de alho picados

1 limão pequeno, espremido na hora

5 onças de macarrão de arroz

1 cenoura cortada em juliana

1 chalota picada

3 punhados de repolho chinês, em fatias finas

3 punhados de couve rasgada em pedaços

1 pimentão, sem sementes e cortado em fatias finas

1 pimenta-do-reino picada

1/4 xícara de manteiga de amendoim

2 colheres de sopa de xarope de agave

instruções

Coloque o tempeh, 2 colheres de sopa de vinagre de arroz, o molho de soja, o alho e o suco de limão em um prato de cerâmica; deixe marinar por cerca de 40 minutos.

Enquanto isso, cozinhe o macarrão de arroz conforme as instruções da embalagem. Escorra o macarrão e transfira-o para uma saladeira.

Adicione a cenoura, a chalota, o repolho, a couve e o pimentão na saladeira. Adicione a manteiga de amendoim, as 2 colheres de sopa restantes de vinagre de arroz e o xarope de agave e misture bem.

Cubra com o tempeh marinado e sirva imediatamente. Aproveitar!

Sopa Clássica de Creme de Brócolis

(Pronto em cerca de 35 minutos | Porções 4)

Por porção: Calorias: 334; Gordura: 24,5g; Carboidratos: 22,5g; Proteína: 10,2g

Ingredientes

2 colheres de sopa de azeite

1 libra de florzinhas de brócolis

1 cebola picada

1 costela de aipo picada

1 pastinaga picada

1 colher de chá de alho picado

3 xícaras de caldo de legumes

1/2 colher de chá de endro seco

1/2 colher de chá de orégano seco

Sal marinho e pimenta preta moída a gosto

2 colheres de sopa de farinha de linhaça

1 xícara de leite de coco integral

instruções

Em uma panela de fundo grosso, aqueça o azeite em fogo médio-alto. Agora, refogue a cebola, o brócolis, o aipo e a pastinaga por cerca de 5 minutos, mexendo ocasionalmente.

Adicione o alho e continue refogando por 1 minuto ou até ficar perfumado.

Em seguida, misture o caldo de legumes, o endro, o orégano, o sal e a pimenta-do-reino; leve para ferver. Reduza imediatamente o fogo para ferver e deixe cozinhar por cerca de 20 minutos.

Bata a sopa no liquidificador de imersão até ficar cremosa e uniforme.

Devolva a mistura de purê para a panela. Junte a farinha de linhaça e o leite de coco; continue a ferver até aquecer ou cerca de 5 minutos.

Distribua em quatro tigelas e divirta-se!

Salada Marroquina de Lentilha e Passas

(Pronto em cerca de 20 minutos + tempo de resfriamento | Porções 4)

Por porção: Calorias: 418; Gordura: 15g; Carboidratos: 62,9g; Proteína: 12,4g

Ingredientes

1 xícara de lentilhas vermelhas, enxaguadas

1 cenoura grande, juliana

1 pepino persa em fatias finas

1 cebola doce picada

1/2 xícara de passas douradas

1/4 xícara de hortelã fresca, cortada

1/4 xícara de manjericão fresco, cortado

1/4 xícara de azeite extra-virgem

1/4 xícara de suco de limão, espremido na hora

1 colher de chá de casca de limão ralada

1/2 colher de chá de raiz de gengibre fresco, descascado e picado

1/2 colher de chá de alho granulado

1 colher de chá de pimenta da Jamaica moída

Sal marinho e pimenta preta moída a gosto

instruções

Em uma panela grande, leve 3 xícaras de água e 1 xícara de lentilhas para ferver.

Ligue imediatamente o fogo para ferver e continue a cozinhar as lentilhas por mais 15 a 17 minutos ou até que amoleçam, mas ainda não estejam moles. Escorra e deixe esfriar completamente.

Transfira as lentilhas para uma saladeira; adicione a cenoura, o pepino e a cebola doce. Em seguida, adicione as passas, a hortelã e o manjericão à salada.

Numa pequena tigela, misture o azeite, o suco de limão, a casca de limão, o gengibre, o alho granulado, a pimenta da Jamaica, o sal e a pimenta-do-reino.

Tempere a salada e sirva bem gelada. Bom apetite!

Salada de Espargos e Grão de Bico

(Pronto em cerca de 10 minutos + tempo de resfriamento | Porções 5)

Por porção: Calorias: 198; Gordura: 12,9g; Carboidratos: 17,5g; Proteína: 5,5g

Ingredientes

1 ¼ libra de aspargos, aparados e cortados em pedaços pequenos

5 onças de grão de bico enlatado, escorrido e enxaguado

1 pimenta chipotle, sem sementes e picada

1 pimenta italiana, sem sementes e picada

1/4 xícara de folhas frescas de manjericão picadas

1/4 xícara de folhas de salsa fresca picada

2 colheres de sopa de folhas de hortelã fresca

2 colheres de sopa de cebolinha fresca picada

1 colher de chá de alho picado

1/4 xícara de azeite extra-virgem

1 colher de sopa de vinagre balsâmico

1 colher de sopa de suco de limão fresco

2 colheres de sopa de molho de soja

1/4 colher de chá de pimenta da Jamaica moída

1/4 colher de chá de cominho em pó

Sal marinho e pimenta recém-quebrada, a gosto

instruções

Leve uma panela grande com água salgada com os aspargos para ferver; deixe cozinhar por 2 minutos; escorra e enxágue.

Transfira os aspargos para uma saladeira.

Misture os aspargos com o grão de bico, o pimentão, as ervas, o alho, o azeite, o vinagre, o suco de limão, o molho de soja e os temperos.

Misture bem e sirva imediatamente. Bom apetite!

Salada de Feijão Verde à Moda Antiga

(Pronto em cerca de 10 minutos + tempo de resfriamento | Porções 4)

Por porção: Calorias: 240; Gordura: 14,1g; Carboidratos: 29g; Proteína: 4,4g

Ingredientes

1 ½ libra de feijão verde, aparado

1/2 xícara de cebolinha picada

1 colher de chá de alho picado

1 pepino persa, fatiado

2 xícaras de tomate uva, cortados pela metade

1/4 xícara de azeite

1 colher de chá de mostarda deliciosa

2 colheres de sopa de molho de tamari

2 colheres de sopa de suco de limão

1 colher de sopa de vinagre de maçã

1/4 colher de chá de cominho em pó

1/2 colher de chá de tomilho seco

Sal marinho e pimenta preta moída a gosto

instruções

Ferva o feijão verde em uma panela grande com água e sal até ficar macio ou cerca de 2 minutos.

Escorra e deixe o feijão esfriar completamente; em seguida, transfira-os para uma saladeira. Misture o feijão com os ingredientes restantes.

Bom apetite!

Sopa de Feijão de Inverno

(Pronto em cerca de 25 minutos | Porções 4)

Por porção: Calorias: 234; Gordura: 5,5g; Carboidratos: 32,3g; Proteína: 14,4g

Ingredientes

1 colher de sopa de azeite

2 colheres de sopa de chalotas picadas

1 cenoura picada

1 pastinaga picada

1 talo de aipo picado

1 colher de chá de alho fresco picado

4 xícaras de caldo de legumes

2 folhas de louro

1 raminho de alecrim picado

16 onças de feijão marinho enlatado

Sal marinho em flocos e pimenta preta moída a gosto

instruções

Em uma panela de fundo grosso, aqueça a azeitona em fogo médio-alto. Agora refogue a cebolinha, a cenoura, a nabo e o aipo por aproximadamente 3 minutos ou até que os vegetais estejam macios.

Adicione o alho e continue refogando por 1 minuto ou até ficar aromático.

Em seguida, adicione o caldo de legumes, o louro e o alecrim e deixe ferver. Reduza imediatamente o fogo para ferver e deixe cozinhar por 10 minutos.

Junte o feijão-marinho e continue cozinhando por mais 5 minutos, até que tudo esteja bem aquecido. Tempere com sal e pimenta preta a gosto.

Distribua em tigelas individuais, descarte as folhas de louro e sirva quente. Bom apetite!

Sopa de cogumelos Cremini à italiana

(Pronto em cerca de 15 minutos | Porções 3)

Por porção: Calorias: 154; Gordura: 12,3g; Carboidratos: 9,6g; Proteína: 4,4g

Ingredientes

3 colheres de sopa de manteiga vegana

1 cebola branca picada

1 pimentão vermelho picado

1/2 colher de chá de alho prensado

3 xícaras de cogumelos Cremini picados

2 colheres de sopa de farinha de amêndoa

3 xícaras de água

1 colher de chá de mistura de ervas italianas

Sal marinho e pimenta preta moída a gosto

1 colher de sopa cheia de cebolinha fresca, picada grosseiramente

instruções

Em uma panela, derreta a manteiga vegana em fogo médio-alto. Quando estiver bem quente, refogue a cebola e o pimentão por cerca de 3 minutos até amolecerem.

Adicione o alho e os cogumelos Cremini e continue salteando até os cogumelos amolecerem. Polvilhe farinha de amêndoa sobre os cogumelos e continue cozinhando por mais ou menos 1 minuto.

Adicione os ingredientes restantes. Deixe ferver, tapado e continue a cozinhar durante mais 5 a 6 minutos até o líquido engrossar ligeiramente.

Distribua em três tigelas de sopa e decore com cebolinhas frescas. Bom apetite!

Sopa Cremosa De Batata Com Ervas

(Pronto em cerca de 40 minutos | Porções 4)

Por porção: Calorias: 400; Gordura: 9g; Carboidratos: 68,7g; Proteína: 13,4g

Ingredientes

2 colheres de sopa de azeite

1 cebola picada

1 talo de aipo picado

4 batatas grandes, descascadas e picadas

2 dentes de alho picados

1 colher de chá de manjericão fresco picado

1 colher de chá de salsa fresca picada

1 colher de chá de alecrim fresco picado

1 louro

1 colher de chá de pimenta da Jamaica moída

4 xícaras de caldo de legumes

Sal e pimenta preta moída fresca, a gosto

2 colheres de sopa de cebolinha fresca picada

instruções

Em uma panela de fundo grosso, aqueça o azeite em fogo médio-alto. Quando estiver bem quente, refogue a cebola, o aipo e as batatas por cerca de 5 minutos, mexendo ocasionalmente.

Adicione o alho, o manjericão, a salsa, o alecrim, o louro e a pimenta da Jamaica e continue refogando por 1 minuto ou até ficar perfumado.

Agora adicione o caldo de legumes, o sal e a pimenta-do-reino e leve para ferver rapidamente. Reduza imediatamente o fogo para ferver e deixe cozinhar por cerca de 30 minutos.

Bata a sopa no liquidificador de imersão até ficar cremosa e uniforme.

Reaqueça a sopa e sirva com cebolinhas frescas. Bom apetite!

Salada de Quinoa e Abacate

(Pronto em cerca de 15 minutos + tempo de resfriamento | Porções 4)

Por porção: Calorias: 399; Gordura: 24,3g; Carboidratos: 38,5g; Proteína: 8,4g

Ingredientes

1 xícara de quinoa, enxaguada

1 cebola picada

1 tomate em cubos

2 pimentões assados, cortados em tiras

2 colheres de sopa de salsa picada

2 colheres de sopa de manjericão picado

1/4 xícara de azeite extra-virgem

2 colheres de sopa de vinagre de vinho tinto

2 colheres de sopa de suco de limão

1/4 colher de chá de pimenta caiena

Sal marinho e pimenta preta moída na hora, para temperar

1 abacate, descascado, sem caroço e fatiado

1 colher de sopa de sementes de gergelim torradas

instruções

Coloque a água e a quinoa em uma panela e leve para ferver. Imediatamente ligue o fogo para ferver.

Deixe ferver por cerca de 13 minutos até que a quinoa tenha absorvido toda a água; afofe a quinoa com um garfo e deixe esfriar completamente. Em seguida, transfira a quinoa para uma saladeira.

Adicione a cebola, o tomate, os pimentões assados, a salsa e o manjericão na saladeira. Em outra tigela pequena, misture o azeite, o vinagre, o suco de limão, a pimenta caiena, o sal e a pimenta-do-reino.

Tempere sua salada e misture bem. Cubra com fatias de abacate e decore com sementes de gergelim torradas.

Bom apetite!

Salada Tabule com Tofu

(Pronto em cerca de 20 minutos + tempo de resfriamento | Porções 4)

Por porção: Calorias: 379; Gordura: 18,3g; Carboidratos: 40,7g; Proteína: 19,9g

Ingredientes

1 xícara de trigo bulgur

2 tomates San Marzano, fatiados

1 pepino persa em fatias finas

2 colheres de sopa de manjericão picado

2 colheres de sopa de salsa picada

4 cebolinhas picadas

2 xícaras de rúcula

2 xícaras de espinafre baby, rasgado em pedaços

4 colheres de sopa de tahine

4 colheres de sopa de suco de limão

1 colher de sopa de molho de soja

1 colher de chá de alho fresco, prensado

Sal marinho e pimenta preta moída a gosto

12 onças de tofu defumado, em cubos

instruções

Em uma panela, leve 2 xícaras de água e o bulgur para ferver. Imediatamente leve ao fogo para ferver e deixe cozinhar por cerca de 20 minutos ou até que o bulgur esteja macio e a água quase absorvida. Amasse com um garfo e espalhe em uma bandeja grande para deixar esfriar.

Coloque o bulgur em uma saladeira seguido do tomate, pepino, manjericão, salsa, cebolinha, rúcula e espinafre.

Em uma tigela pequena, misture o tahine, o suco de limão, o molho de soja, o alho, o sal e a pimenta-do-reino. Tempere a salada e misture bem.

Cubra a salada com o tofu defumado e sirva em temperatura ambiente. Bom apetite!

Salada verde

(Pronto em cerca de 10 minutos + tempo de resfriamento | Porções 4)

Por porção: Calorias: 479; Gordura: 15g; Carboidratos: 71,1g; Proteína: 14,9g

Ingredientes

12 onças de macarrão rotini

1 cebola pequena em fatias finas

1 xícara de tomate cereja, cortado pela metade

1 pimentão picado

1 pimenta jalapeño picada

1 colher de sopa de alcaparras escorridas

2 xícaras de alface americana, rasgada em pedaços

2 colheres de sopa de salsa fresca picada

2 colheres de sopa de coentro fresco picado

2 colheres de sopa de manjericão fresco picado

1/4 xícara de azeite

2 colheres de sopa de vinagre de maçã

1 colher de chá de alho prensado

Sal kosher e pimenta preta moída a gosto

2 colheres de sopa de fermento nutricional

2 colheres de sopa de pinhões torrados e picados

instruções

Cozinhe o macarrão de acordo com as instruções da embalagem. Escorra e enxágue o macarrão. Deixe esfriar completamente e depois transfira para uma saladeira.

Em seguida, adicione a cebola, o tomate, o pimentão, as alcaparras, a alface, a salsa, o coentro e o manjericão na saladeira.

Bata o azeite, o vinagre, o alho, o sal, a pimenta preta e o fermento nutricional. Tempere a salada e cubra com pinhões torrados. Bom apetite!

Borscht Ucraniano Tradicional

(Pronto em cerca de 40 minutos | Porções 4)

Por porção: Calorias: 367; Gordura: 9,3g; Carboidratos: 62,7g; Proteína: 12,1g

Ingredientes

2 colheres de sopa de óleo de gergelim

1 cebola roxa picada

2 cenouras aparadas e fatiadas

2 beterrabas grandes, descascadas e fatiadas

2 batatas grandes, descascadas e cortadas em cubos

4 xícaras de caldo de legumes

2 dentes de alho picados

1/2 colher de chá de sementes de cominho

1/2 colher de chá de sementes de aipo

1/2 colher de chá de sementes de erva-doce

1 libra de repolho roxo, ralado

1/2 colher de chá de pimenta mista, recém quebrada

Sal kosher, a gosto

2 folhas de louro

2 colheres de sopa de vinagre de vinho

instruções

Em um forno holandês, aqueça o óleo de gergelim em fogo moderado. Quando estiver bem quente, refogue a cebola até ficar macia e translúcida, cerca de 6 minutos.

Adicione a cenoura, a beterraba e a batata e continue refogando por mais 10 minutos, acrescentando o caldo de legumes periodicamente.

Em seguida, junte o alho, as sementes de cominho, as sementes de aipo, as sementes de erva-doce e continue refogando por mais 30 segundos.

Adicione o repolho, a mistura de pimenta, o sal e as folhas de louro. Adicione o caldo restante e deixe ferver.

Imediatamente aumente o fogo para ferver e continue cozinhando por mais 20 a 23 minutos até que os vegetais amoleçam.

Distribua em tigelas individuais e regue com vinagre de vinho. Sirva e divirta-se!

Salada de Lentilha Beluga

(Pronto em cerca de 20 minutos + tempo de resfriamento | Porções 4)

Por porção: Calorias: 338; Gordura: 16,3g; Carboidratos: 37,2g; Proteína: 13g

Ingredientes

1 xícara de lentilhas Beluga, enxaguadas

1 pepino persa, fatiado

1 tomate grande, fatiado

1 cebola roxa picada

1 pimentão fatiado

1/4 xícara de manjericão fresco picado

1/4 xícara de salsa italiana fresca picada

2 onças de azeitonas verdes, sem caroço e fatiadas

1/4 xícara de azeite

4 colheres de sopa de suco de limão

1 colher de chá de mostarda deliciosa

1/2 colher de chá de alho picado

1/2 colher de chá de pimenta vermelha em flocos, esmagada

Sal marinho e pimenta preta moída a gosto

instruções

Em uma panela grande, leve 3 xícaras de água e 1 xícara de lentilhas para ferver.

Imediatamente leve o fogo para ferver e continue a cozinhar as lentilhas por mais 15 a 17 minutos ou até que estejam macias, mas não moles. Escorra e deixe esfriar completamente.

Transfira as lentilhas para uma saladeira; adicione o pepino, o tomate, a cebola, o pimentão, o manjericão, a salsa e as azeitonas.

Numa pequena tigela, misture o azeite, o sumo de limão, a mostarda, o alho, a pimenta vermelha, o sal e a pimenta preta.

Tempere a salada, misture bem e sirva bem gelada. Bom apetite!

Salada Naan Estilo Indiano

(Pronto em cerca de 10 minutos | Porções 3)

Por porção: Calorias: 328; Gordura: 17,3g; Carboidratos: 36,6g; Proteína: 6,9g

Ingredientes

3 colheres de sopa de óleo de gergelim

1 colher de chá de gengibre descascado e picado

1/2 colher de chá de sementes de cominho

1/2 colher de chá de sementes de mostarda

1/2 colher de chá de pimenta mista

1 colher de sopa de folhas de curry

3 pães naan, quebrados em pedaços pequenos

1 chalota picada

2 tomates picados

Sal do Himalaia, a gosto

1 colher de sopa de molho de soja

instruções

Aqueça 2 colheres de sopa de óleo de gergelim em uma frigideira antiaderente em fogo moderadamente alto.

Refogue o gengibre, as sementes de cominho, as sementes de mostarda, a mistura de pimenta e as folhas de curry por cerca de 1 minuto, até ficarem perfumados.

Junte os pães naan e continue cozinhando, mexendo de vez em quando, até dourar e bem coberto com os temperos.

Coloque a cebola e os tomates em uma saladeira; misture-os com o sal, o molho de soja e a 1 colher de sopa restante de óleo de gergelim.

Coloque o naan torrado por cima da salada e sirva em temperatura ambiente. Aproveitar!

Salada de Pimenta Assada à Grega

(Pronto em cerca de 10 minutos | Porções 2)

Por porção: Calorias: 185; Gordura: 11,5g; Carboidratos: 20,6g; Proteína: 3,7g

Ingredientes

2 pimentões vermelhos

2 pimentões amarelos

2 dentes de alho prensados

4 colheres de chá de azeite extra-virgem

1 colher de sopa de alcaparras, enxaguadas e escorridas

2 colheres de sopa de vinagre de vinho tinto

Sal marinho e pimenta moída a gosto

1 colher de chá de endro fresco picado

1 colher de chá de orégano fresco picado

1/4 xícara de azeitonas Kalamata, sem caroço e fatiadas

instruções

Grelhe os pimentões em uma assadeira forrada de pergaminho por cerca de 10 minutos, girando a panela na metade do tempo de cozimento, até que estejam carbonizados por todos os lados.

Em seguida, cubra os pimentões com um filme plástico para cozinhar no vapor. Descarte a casca, as sementes e os caroços.

Corte os pimentões em tiras e coloque-os em uma saladeira. Adicione os ingredientes restantes e misture bem.

Coloque na geladeira até a hora de servir. Bom apetite!

Sopa de feijão e batata

(Pronto em cerca de 30 minutos | Porções 4)

Por porção: Calorias: 266; Gordura: 7,7g; Carboidratos: 41,3g; Proteína: 9,3g

Ingredientes

2 colheres de sopa de azeite

1 cebola picada

1 libra de batatas, descascadas e cortadas em cubos

1 talo de aipo médio picado

2 dentes de alho picados

1 colher de chá de páprica

4 xícaras de água

2 colheres de sopa de caldo vegano em pó

16 onças de feijão enlatado, escorrido

2 xícaras de espinafre bebê

Sal marinho e pimenta preta moída a gosto

instruções

Em uma panela de fundo grosso, aqueça a azeitona em fogo médio-alto. Agora refogue a cebola, a batata e o aipo por aproximadamente 5 minutos ou até que a cebola fique translúcida e macia.

Adicione o alho e continue refogando por 1 minuto ou até ficar aromático.

Em seguida, adicione a páprica, a água e o caldo de carne vegano e deixe ferver. Reduza imediatamente o fogo para ferver e deixe cozinhar por 15 minutos.

Junte o feijão-marinho e o espinafre; continue cozinhando por cerca de 5 minutos até que tudo esteja bem aquecido. Tempere com sal e pimenta preta a gosto.

Distribua em tigelas individuais e sirva quente. Bom apetite!

Salada de Quinoa de Inverno com Picles

(Pronto em cerca de 20 minutos + tempo de resfriamento | Porções 4)

Por porção: Calorias: 346; Gordura: 16,7g; Carboidratos: 42,6g; Proteína: 9,3g

Ingredientes

1 xícara de quinoa

4 dentes de alho picados

2 pepinos em conserva picados

10 onças de pimentão vermelho enlatado, picado

1/2 xícara de azeitonas verdes, sem caroço e fatiadas

2 xícaras de repolho verde ralado

2 xícaras de alface americana, rasgada em pedaços

4 pimentas em conserva, picadas

4 colheres de sopa de azeite

1 colher de sopa de suco de limão

1 colher de chá de raspas de limão

1/2 colher de chá de manjerona seca

Sal marinho e pimenta preta moída a gosto

1/4 xícara de cebolinha fresca, picada grosseiramente

instruções

Coloque duas xícaras de água e a quinoa em uma panela e leve para ferver. Imediatamente ligue o fogo para ferver.

Deixe ferver por cerca de 13 minutos até que a quinoa tenha absorvido toda a água; afofe a quinoa com um garfo e deixe esfriar completamente. Em seguida, transfira a quinoa para uma saladeira.

Adicione o alho, o pepino em conserva, o pimentão, as azeitonas, o repolho, a alface e as pimentas em conserva na saladeira e misture bem.

Em uma tigela pequena, faça o molho batendo os ingredientes restantes. Tempere a salada, misture bem e sirva imediatamente. Bom apetite!

Sopa de Cogumelos Silvestres Assados

(Pronto em cerca de 55 minutos | Porções 3)

Por porção: Calorias: 313; Gordura: 23,5g; Carboidratos: 14,5g; Proteína: 14,5g

Ingredientes

3 colheres de sopa de óleo de gergelim

1 libra de cogumelos selvagens misturados, fatiados

1 cebola branca picada

3 dentes de alho picados e divididos

2 raminhos de tomilho picado

2 raminhos de alecrim picado

1/4 xícara de farinha de linhaça

1/4 xícara de vinho branco seco

3 xícaras de caldo de legumes

1/2 colher de chá de pimenta vermelha em flocos

Sal de alho e pimenta preta moída na hora, para temperar

instruções

Comece pré-aquecendo o forno a 395 graus F.

Coloque os cogumelos em uma única camada em uma assadeira forrada com papel manteiga. Regue os cogumelos com 1 colher de sopa de óleo de gergelim.

Asse os cogumelos no forno pré-aquecido por cerca de 25 minutos ou até ficarem macios.

Aqueça as 2 colheres de sopa restantes de óleo de gergelim em uma panela em fogo médio. Em seguida, refogue a cebola por cerca de 3 minutos ou até ficar macia e translúcida.

Em seguida, adicione o alho, o tomilho e o alecrim e continue refogando por mais ou menos 1 minuto até ficar aromático. Polvilhe farinha de linhaça sobre tudo.

Adicione os ingredientes restantes e continue cozinhando por mais 10 a 15 minutos ou até que tudo esteja cozido.

Junte os cogumelos assados e continue cozinhando por mais 12 minutos. Coloque em tigelas de sopa e sirva quente. Aproveitar!

Sopa de feijão verde estilo mediterrâneo

(Pronto em cerca de 25 minutos | Porções 5)

Por porção: Calorias: 313; Gordura: 23,5g; Carboidratos: 14,5g; Proteína: 14,5g

Ingredientes

2 colheres de sopa de azeite

1 cebola picada

1 aipo com folhas picadas

1 cenoura picada

2 dentes de alho picados

1 abobrinha picada

5 xícaras de caldo de legumes

1 ¼ libra de feijão verde, aparado e cortado em pedaços pequenos

2 tomates médios amassados

Sal marinho e pimenta preta moída na hora, a gosto

1/2 colher de chá de pimenta caiena

1 colher de chá de orégano

1/2 colher de chá de endro seco

1/2 xícara de azeitonas Kalamata, sem caroço e fatiadas

instruções

Em uma panela de fundo grosso, aqueça a azeitona em fogo médio-alto. Agora refogue a cebola, o aipo e a cenoura por cerca de 4 minutos ou até que os legumes estejam macios.

Adicione o alho e a abobrinha e continue refogando por 1 minuto ou até ficar aromático.

Em seguida, junte o caldo de legumes, o feijão verde, o tomate, o sal, a pimenta-do-reino, a pimenta caiena, o orégano e o endro seco; leve para ferver. Reduza imediatamente o fogo para ferver e deixe cozinhar por cerca de 15 minutos.

Distribua em tigelas individuais e sirva com azeitonas fatiadas. Bom apetite!

Sopa Creme De Cenoura

(Pronto em cerca de 30 minutos | Porções 4)

Por porção: Calorias: 333; Gordura: 23g; Carboidratos: 26g; Proteína: 8,5g

Ingredientes

2 colheres de sopa de óleo de gergelim

1 cebola picada

1 ½ libra de cenouras, aparadas e picadas

1 pastinaga picada

2 dentes de alho picados

1/2 colher de chá de curry em pó

Sal marinho e pimenta caiena a gosto

4 xícaras de caldo de legumes

1 xícara de leite de coco integral

instruções

Em uma panela de fundo grosso, aqueça o óleo de gergelim em fogo médio-alto. Agora refogue a cebola, a cenoura e a pastinaca por cerca de 5 minutos, mexendo ocasionalmente.

Adicione o alho e continue refogando por 1 minuto ou até ficar perfumado.

Em seguida, acrescente o curry em pó, o sal, a pimenta caiena e o caldo de legumes; leve para ferver rapidamente. Reduza imediatamente o fogo para ferver e deixe cozinhar por 18 a 20 minutos.

Bata a sopa no liquidificador de imersão até ficar cremosa e uniforme.

Devolva a mistura de purê para a panela. Junte o leite de coco e continue cozinhando até aquecer ou cerca de 5 minutos a mais.

Distribua em quatro tigelas e sirva quente. Bom apetite!

Salada de Pizza Italiana Nonna

(Pronto em cerca de 15 minutos + tempo de resfriamento | Porções 4)

Por porção: Calorias: 595; Gordura: 17,2g; Carboidratos: 93g; Proteína: 16g

Ingredientes

1 quilo de macarrão

1 xícara de cogumelos marinados, fatiados

1 xícara de tomate uva, cortado pela metade

4 colheres de sopa de cebolinha picada

1 colher de chá de alho picado

1 pimenta italiana fatiada

1/4 xícara de azeite extra-virgem

1/4 xícara de vinagre balsâmico

1 colher de chá de orégano seco

1 colher de chá de manjericão seco

1/2 colher de chá de alecrim seco

Sal marinho e pimenta caiena a gosto

1/2 xícara de azeitonas pretas fatiadas

instruções

Cozinhe o macarrão de acordo com as instruções da embalagem. Escorra e enxágue o macarrão. Deixe esfriar completamente e depois transfira para uma saladeira.

Em seguida, adicione os ingredientes restantes e misture até que o macarrão esteja bem revestido.

Prove e ajuste os temperos; coloque a salada de pizza na geladeira até a hora de usar. Bom apetite!

Sopa Cremosa de Vegetais Dourados

(Pronto em cerca de 45 minutos | Porções 4)

Por porção: Calorias: 550; Gordura: 27,2g; Carboidratos: 70,4g; Proteína: 13,2g

Ingredientes

2 colheres de sopa de óleo de abacate

1 cebola amarela picada

2 batatas Yukon Gold, descascadas e cortadas em cubos

2 libras de abóbora, descascada, sem sementes e cortada em cubos

1 pastinaga aparada e fatiada

1 colher de chá de pasta de gengibre e alho

1 colher de chá de açafrão em pó

1 colher de chá de sementes de erva-doce

1/2 colher de chá de pimenta em pó

1/2 colher de chá de tempero para torta de abóbora

Sal kosher e pimenta preta moída a gosto

3 xícaras de caldo de legumes

1 xícara de leite de coco integral

2 colheres de sopa de pepitas

instruções

Em uma panela de fundo grosso, aqueça o óleo em fogo médio-alto. Agora refogue a cebola, a batata, a abóbora e a pastinaca por cerca de 10 minutos, mexendo de vez em quando para garantir um cozimento uniforme.

Adicione a pasta de gengibre e alho e continue refogando por 1 minuto ou até ficar aromático.

Em seguida, misture o açafrão em pó, as sementes de erva-doce, a pimenta em pó, o tempero para torta de abóbora, o sal, a pimenta-do-reino e o caldo de legumes; leve para ferver. Reduza imediatamente o fogo para ferver e deixe cozinhar por cerca de 25 minutos.

Bata a sopa no liquidificador de imersão até ficar cremosa e uniforme.

Devolva a mistura de purê para a panela. Junte o leite de coco e continue cozinhando até aquecer ou cerca de 5 minutos a mais.

Distribua em tigelas individuais e sirva decorado com pepitas.
Bom apetite!

Sopa de Couve Flor Assada

(Pronto em cerca de 1 hora | Porções 4)

Por porção: Calorias: 310; Gordura: 24g; Carboidratos: 16,8g; Proteína: 11,8g

Ingredientes

1 ½ libra de florzinhas de couve-flor

4 colheres de sopa de azeite

1 cebola picada

2 dentes de alho picados

1/2 colher de chá de gengibre descascado e picado

1 colher de chá de alecrim fresco picado

2 colheres de sopa de manjericão fresco picado

2 colheres de sopa de salsa fresca picada

4 xícaras de caldo de legumes

Sal marinho e pimenta preta moída a gosto

1/2 colher de chá de sumagre moído

1/4 xícara de tahine

1 limão espremido na hora

instruções

Comece pré-aquecendo o forno a 425 graus F. Misture a couve-flor com 2 colheres de sopa de azeite e arrume-as em uma assadeira forrada de pergaminho.

Em seguida, asse os floretes de couve-flor por cerca de 30 minutos, mexendo uma ou duas vezes para promover um cozimento uniforme.

Enquanto isso, em uma panela de fundo grosso, aqueça as 2 colheres de sopa restantes de azeite em fogo médio-alto. Agora refogue a cebola por cerca de 4 minutos até ficar macia e translúcida.

Adicione o alho, o gengibre, o alecrim, o manjericão e a salsa e continue refogando por 1 minuto ou até ficar perfumado.

Em seguida, junte o caldo de legumes, o sal, a pimenta-do-reino e o sumagre e leve para ferver. Reduza imediatamente o fogo para ferver e deixe cozinhar por cerca de 20 a 22 minutos.

Bata a sopa no liquidificador de imersão até ficar cremosa e uniforme.

Devolva a mistura de purê para a panela. Junte o tahine e continue cozinhando por cerca de 5 minutos ou até que tudo esteja bem cozido.

Distribua em tigelas individuais, decore com suco de limão e sirva quente. Aproveitar!

Rajma Dal Indiano Tradicional

(Pronto em cerca de 20 minutos | Porções 4)

Por porção: Calorias: 269; Gordura: 15,2g; Carboidratos: 22,9g; Proteína: 7,2g

Ingredientes

3 colheres de sopa de óleo de gergelim

1 colher de chá de gengibre picado

1 colher de chá de sementes de cominho

1 colher de chá de sementes de coentro

1 cebola grande picada

1 talo de aipo picado

1 colher de chá de alho picado

1 xícara de molho de tomate

1 colher de chá de garam masala

1/2 colher de chá de curry em pó

1 pau de canela pequeno

1 pimentão verde, sem sementes e picado

2 xícaras de feijão vermelho enlatado, escorrido

2 xícaras de caldo de legumes

Sal kosher e pimenta preta moída a gosto

instruções

Em uma panela, aqueça o óleo de gergelim em fogo médio-alto; agora, refogue o gengibre, as sementes de cominho e as sementes de coentro até ficarem perfumados ou cerca de 30 segundos ou mais.

Adicione a cebola e o aipo e continue refogando por mais 3 minutos até amolecerem.

Adicione o alho e continue refogando por mais 1 minuto.

Misture os ingredientes restantes na panela e leve ao fogo para ferver. Continue a cozinhar por 10 a 12 minutos ou até ficar bem cozido. Sirva quente e divirta-se!

Salada de Feijão Vermelho

(Pronto em cerca de 1 hora + tempo de resfriamento | Porções 6)

Por porção: Calorias: 443; Gordura: 19,2g; Carboidratos: 52,2g; Proteína: 18,1g

Ingredientes

3/4 libra de feijão vermelho, embebido durante a noite

2 pimentões picados

1 cenoura aparada e ralada

3 onças de grãos de milho congelados ou enlatados, escorridos

3 colheres de sopa cheias de cebolinha picada

2 dentes de alho picados

1 pimenta vermelha, fatiada

1/2 xícara de azeite extra-virgem

2 colheres de sopa de vinagre de maçã

2 colheres de sopa de suco de limão fresco

Sal marinho e pimenta preta moída a gosto

2 colheres de sopa de coentro fresco picado

2 colheres de sopa de salsa fresca picada

2 colheres de sopa de manjericão fresco picado

instruções

Cubra o feijão embebido com uma nova muda de água fria e deixe ferver. Deixe ferver por cerca de 10 minutos. Leve o fogo para ferver e continue cozinhando por 50 a 55 minutos ou até ficar macio.

Deixe o feijão esfriar completamente e depois transfira-o para uma saladeira.

Adicione os ingredientes restantes e misture bem. Bom apetite!

Feijão Anasazi e Ensopado de Legumes

(Pronto em cerca de 1 hora | Porções 3)

Por porção: Calorias: 444; Gordura: 15,8g; Carboidratos: 58,2g; Proteína: 20,2g

Ingredientes

1 xícara de feijão Anasazi, embebido durante a noite e escorrido

3 xícaras de caldo de legumes assado

1 louro

1 raminho de tomilho picado

1 raminho de alecrim picado

3 colheres de sopa de azeite

1 cebola grande picada

2 talos de aipo picados

2 cenouras picadas

2 pimentões, sem sementes e picados

1 pimenta verde, sem sementes e picada

2 dentes de alho picados

Sal marinho e pimenta preta moída a gosto

1 colher de chá de pimenta caiena

1 colher de chá de páprica

instruções

Em uma panela, leve o feijão Anasazi e o caldo para ferver. Depois de ferver, leve o fogo para ferver. Adicione o louro, o tomilho e o alecrim; deixe cozinhar por cerca de 50 minutos ou até ficar macio.

Enquanto isso, em uma panela de fundo grosso, aqueça o azeite em fogo médio-alto. Agora, refogue a cebola, o aipo, a cenoura e o pimentão por cerca de 4 minutos até ficarem macios.

Adicione o alho e continue refogando por mais 30 segundos ou até ficar aromático.

Adicione a mistura salteada ao feijão cozido. Tempere com sal, pimenta preta, pimenta caiena e colorau.

Continue a ferver, mexendo ocasionalmente, por mais 10 minutos ou até que tudo esteja cozido. Bom apetite!

Shakshuka fácil e saudável

(Pronto em cerca de 50 minutos | Porções 4)

Por porção: Calorias: 324; Gordura: 11,2g; Carboidratos: 42,2g; Proteína: 15,8g

Ingredientes

2 colheres de sopa de azeite

1 cebola picada

2 pimentões picados

1 pimenta poblano picada

2 dentes de alho picados

2 tomates em purê

Sal marinho e pimenta preta a gosto

1 colher de chá de manjericão seco

1 colher de chá de pimenta vermelha em flocos

1 colher de chá de páprica

2 folhas de louro

1 xícara de grão de bico, embebido durante a noite, enxaguado e escorrido

3 xícaras de caldo de legumes

2 colheres de sopa de coentro fresco, picado grosseiramente

instruções

Aqueça o azeite em uma panela em fogo médio. Quando estiver bem quente, cozinhe a cebola, o pimentão e o alho por cerca de 4 minutos, até ficarem macios e aromáticos.

Adicione o purê de tomate, sal marinho, pimenta preta, manjericão, pimenta vermelha, páprica e louro.

Leve ao fogo para ferver e acrescente o grão de bico e o caldo de legumes. Cozinhe por 45 minutos ou até ficar macio.

Prove e ajuste os temperos. Coloque seu shakshuka em tigelas individuais e sirva decorado com coentro fresco. Bom apetite!

Pimentão à moda antiga

(Pronto em cerca de 1 hora e 30 minutos | Porções 4)

Por porção: Calorias: 514; Gordura: 16,4g; Carboidratos: 72g; Proteína: 25,8g

Ingredientes

3/4 libra de feijão vermelho, embebido durante a noite

2 colheres de sopa de azeite

1 cebola picada

2 pimentões picados

1 pimenta vermelha picada

2 costelas de aipo picado

2 dentes de alho picados

2 folhas de louro

1 colher de chá de cominho em pó

1 colher de chá de tomilho picado

1 colher de chá de pimenta preta

20 onças de tomate esmagado

2 xícaras de caldo de legumes

1 colher de chá de páprica defumada

Sal marinho, a gosto

2 colheres de sopa de coentro fresco picado

1 abacate, sem caroço, descascado e fatiado

instruções

Cubra o feijão embebido com uma nova muda de água fria e deixe ferver. Deixe ferver por cerca de 10 minutos. Leve o fogo para ferver e continue cozinhando por 50 a 55 minutos ou até ficar macio.

Em uma panela de fundo grosso, aqueça o azeite em fogo médio. Quando estiver bem quente, refogue a cebola, o pimentão e o aipo.

Refogue o alho, o louro, o cominho moído, o tomilho e a pimenta-do-reino por cerca de 1 minuto.

Adicione o tomate picado, o caldo de legumes, a páprica, o sal e o feijão cozido. Deixe ferver, mexendo ocasionalmente, por 25 a 30 minutos ou até ficar cozido.

Sirva decorado com coentro fresco e abacate. Bom apetite!

Salada Fácil de Lentilha Vermelha

(Pronto em cerca de 20 minutos + tempo de resfriamento | Porções 3)

Por porção: Calorias: 295; Gordura: 18,8g; Carboidratos: 25,2g; Proteína: 8,5g

Ingredientes

1/2 xícara de lentilhas vermelhas, embebidas durante a noite e escorridas

1 ½ xícara de água

1 raminho de alecrim

1 folha de louro

1 xícara de tomate uva, cortado pela metade

1 pepino em fatias finas

1 pimentão em fatias finas

1 dente de alho picado

1 cebola em fatias finas

2 colheres de sopa de suco de limão fresco

4 colheres de sopa de azeite

Sal marinho e pimenta preta moída a gosto

instruções

Coloque as lentilhas vermelhas, a água, o alecrim e o louro numa panela e leve para ferver em fogo alto. Em seguida, leve o fogo para ferver e continue cozinhando por 20 minutos ou até ficar macio.

Coloque as lentilhas em uma saladeira e deixe esfriar completamente.

Adicione os ingredientes restantes e misture bem. Sirva em temperatura ambiente ou bem gelado.

Bom apetite!

Salada de grão de bico estilo mediterrâneo

(Pronto em cerca de 40 minutos + tempo de resfriamento | Porções 4)

Por porção: Calorias: 468; Gordura: 12,5g; Carboidratos: 73g; Proteína: 21,8g

Ingredientes

2 xícaras de grão de bico, demolhado durante a noite e escorrido

1 pepino persa, fatiado

1 xícara de tomate cereja, cortado pela metade

1 pimentão vermelho, sem sementes e fatiado

1 pimentão verde, sem sementes e fatiado

1 colher de chá de mostarda deliciosa

1 colher de chá de sementes de coentro

1 colher de chá de pimenta jalapeño picada

1 colher de sopa de suco de limão fresco

1 colher de sopa de vinagre balsâmico

1/4 xícara de azeite extra-virgem

Sal marinho e pimenta preta moída a gosto

2 colheres de sopa de coentro fresco picado

2 colheres de sopa de azeitonas Kalamata, sem caroço e fatiadas

instruções

Coloque o grão de bico em uma panela; cubra o grão de bico com água por 5 centímetros. Deixe ferver.

Imediatamente aumente o fogo para ferver e continue cozinhando por cerca de 40 minutos ou até ficar macio.

Transfira o grão de bico para uma saladeira. Adicione os ingredientes restantes e misture bem. Bom apetite!

Feijão Toscano Tradicional (Ribollita)

(Pronto em cerca de 25 minutos | Porções 5)

Por porção: Calorias: 388; Gordura: 10,3g; Carboidratos: 57,3g; Proteína: 19,5g

Ingredientes

3 colheres de sopa de azeite

1 alho-poró médio picado

1 aipo com folhas picadas

1 abobrinha em cubos

1 pimenta italiana fatiada

3 dentes de alho esmagados

2 folhas de louro

Sal kosher e pimenta preta moída a gosto

1 colher de chá de pimenta caiena

1 lata (28 onças) de tomate esmagado

2 xícaras de caldo de legumes

2 latas (15 onças) de feijão Great Northern, escorrido

2 xícaras de couve lacinato, rasgada em pedaços

1 xícara de crostini

instruções

Em uma panela de fundo grosso, aqueça o azeite em fogo médio. Quando estiver bem quente, refogue o alho-poró, o aipo, a abobrinha e a pimenta por cerca de 4 minutos.

Refogue o alho e as folhas de louro por cerca de 1 minuto.

Adicione os temperos, o tomate, o caldo e o feijão em lata. Deixe ferver, mexendo ocasionalmente, por cerca de 15 minutos ou até ficar cozido.

Adicione a couve Lacinato e continue cozinhando, mexendo ocasionalmente, por 4 minutos.

Sirva decorado com crostini. Bom apetite!

Lentilha Beluga e Mélange de Vegetais

(Pronto em cerca de 25 minutos | Porções 5)

Por porção: Calorias: 382; Gordura: 9,3g; Carboidratos: 59g; Proteína: 17,2g

Ingredientes

3 colheres de sopa de azeite

1 cebola picada

2 pimentões, sem sementes e picados

1 cenoura aparada e picada

1 pastinaga aparada e picada

1 colher de chá de gengibre picado

2 dentes de alho picados

Sal marinho e pimenta preta moída a gosto

1 abobrinha grande cortada em cubos

1 xícara de molho de tomate

1 xícara de caldo de legumes

1 ½ xícara de lentilhas beluga, embebidas durante a noite e escorridas

2 xícaras de acelga

instruções

Num forno holandês, aqueça o azeite até chiar. Agora refogue a cebola, o pimentão, a cenoura e a pastinaca, até amolecerem.

Adicione o gengibre e o alho e continue refogando por mais 30 segundos.

Agora acrescente o sal, a pimenta-do-reino, a abobrinha, o molho de tomate, o caldo de legumes e as lentilhas; deixe ferver por cerca de 20 minutos até que tudo esteja bem cozido.

Adicione a acelga; cubra e deixe ferver por mais 5 minutos. Bom apetite!

Tigelas de taco mexicanas de grão de bico

(Pronto em cerca de 15 minutos | Porções 4)

Por porção: Calorias: 409; Gordura: 13,5g; Carboidratos: 61,3g; Proteína: 13,8g

Ingredientes

2 colheres de sopa de óleo de gergelim

1 cebola roxa picada

1 pimenta habanero picada

2 dentes de alho esmagados

2 pimentões, sem sementes e cortados em cubos

Sal marinho e pimenta preta moída

1/2 colher de chá de orégano mexicano

1 colher de chá de cominho em pó

2 tomates maduros, purê

1 colher de chá de açúcar mascavo

16 onças de grão de bico enlatado, escorrido

4 tortilhas de farinha (8 polegadas)

2 colheres de sopa de coentro fresco, picado grosseiramente

instruções

Em uma frigideira grande, aqueça o óleo de gergelim em fogo moderadamente alto. Em seguida, refogue a cebola por 2 a 3 minutos ou até ficar macia.

Adicione o pimentão e o alho e continue refogando por 1 minuto ou até ficar perfumado.

Adicione os temperos, o tomate e o açúcar mascavo e leve para ferver. Imediatamente leve ao fogo para ferver, acrescente o grão de bico em lata e deixe cozinhar por mais 8 minutos ou até aquecer bem.

Torre suas tortilhas e arrume-as com a mistura de grão de bico preparada.

Cubra com coentros frescos e sirva imediatamente. Bom apetite!

Dal Makhani indiano

(Pronto em cerca de 20 minutos | Porções 6)

Por porção: Calorias: 329; Gordura: 8,5g; Carboidratos: 44,1g; Proteína: 16,8g

Ingredientes

3 colheres de sopa de óleo de gergelim

1 cebola grande picada

1 pimentão, sem sementes e picado

2 dentes de alho picados

1 colher de sopa de gengibre ralado

2 pimentões verdes, sem sementes e picados

1 colher de chá de sementes de cominho

1 louro

1 colher de chá de açafrão em pó

1/4 colher de chá de pimentão vermelho

1/4 colher de chá de pimenta da Jamaica moída

1/2 colher de chá de garam masala

1 xícara de molho de tomate

4 xícaras de caldo de legumes

1 ½ xícara de lentilhas pretas, embebidas durante a noite e escorridas

4-5 folhas de curry, para enfeitar

instruções

Em uma panela, aqueça o óleo de gergelim em fogo médio-alto; agora refogue a cebola e o pimentão por mais 3 minutos até amolecerem.

Adicione o alho, o gengibre, a pimenta verde, as sementes de cominho e o louro; continue a refogar, mexendo sempre, por 1 minuto ou até ficar perfumado.

Junte os ingredientes restantes, exceto as folhas de curry. Agora, ligue o fogo para ferver. Continue cozinhando por mais 15 minutos ou até ficar bem cozido.

Decore com folhas de curry e sirva quente!

Tigela de feijão estilo mexicano

(Pronto em cerca de 1 hora + tempo de resfriamento | Porções 6)

Por porção: Calorias: 465; Gordura: 17,9g; Carboidratos: 60,4g; Proteína: 20,2g

Ingredientes

1 quilo de feijão vermelho, embebido durante a noite e escorrido

1 xícara de grãos de milho enlatados, escorridos

2 pimentões assados, fatiados

1 pimenta malagueta picada

1 xícara de tomate cereja, cortado pela metade

1 cebola roxa picada

1/4 xícara de coentro fresco picado

1/4 xícara de salsa fresca picada

1 colher de chá de orégano mexicano

1/4 xícara de vinagre de vinho tinto

2 colheres de sopa de suco de limão fresco

1/3 xícara de azeite extra-virgem

Sal marinho e pó preto, a gosto

1 abacate, descascado, sem caroço e fatiado

instruções

Cubra o feijão embebido com uma nova muda de água fria e deixe ferver. Deixe ferver por cerca de 10 minutos. Leve o fogo para ferver e continue cozinhando por 50 a 55 minutos ou até ficar macio.

Deixe o feijão esfriar completamente e depois transfira-o para uma saladeira.

Adicione os ingredientes restantes e misture bem. Sirva em temperatura ambiente.

Bom apetite!

Minestrone italiano clássico

(Pronto em cerca de 30 minutos | Porções 5)

Por porção: Calorias: 305; Gordura: 8,6g; Carboidratos: 45,1g; Proteína: 14,2g

Ingredientes

2 colheres de sopa de azeite

1 cebola grande cortada em cubos

2 cenouras fatiadas

4 dentes de alho picados

1 xícara de macarrão de cotovelo

5 xícaras de caldo de legumes

1 lata (15 onças) de feijão branco, escorrido

1 abobrinha grande em cubos

1 lata (28 onças) de tomate esmagado

1 colher de sopa de folhas frescas de orégano, picadas

1 colher de sopa de folhas frescas de manjericão picadas

1 colher de sopa de salsa italiana fresca picada

instruções

Num forno holandês, aqueça o azeite até chiar. Agora refogue a cebola e as cenouras até amolecerem.

Adicione o alho, o macarrão cru e o caldo; deixe ferver por cerca de 15 minutos.

Junte o feijão, a abobrinha, o tomate e as ervas. Continue cozinhando, coberto, por cerca de 10 minutos, até que tudo esteja bem cozido.

Decore com algumas ervas extras, se desejar. Bom apetite!

Ensopado de Lentilha Verde com Couve

(Pronto em cerca de 30 minutos | Porções 5)

Por porção: Calorias: 415; Gordura: 6,6g; Carboidratos: 71g; Proteína: 18,4g

Ingredientes

2 colheres de sopa de azeite

1 cebola picada

2 batatas doces, descascadas e cortadas em cubos

1 pimentão picado

2 cenouras picadas

1 pastinaga picada

1 aipo picado

2 dentes de alho

1 ½ xícara de lentilhas verdes

1 colher de sopa de mistura de ervas italianas

1 xícara de molho de tomate

5 xícaras de caldo de legumes

1 xícara de milho congelado

1 xícara de couve, rasgada em pedaços

instruções

Num forno holandês, aqueça o azeite até chiar. Agora refogue a cebola, a batata doce, o pimentão, a cenoura, a nabo e o aipo até amolecerem.

Adicione o alho e continue refogando por mais 30 segundos.

Agora acrescente as lentilhas verdes, a mistura de ervas italianas, o molho de tomate e o caldo de legumes; deixe ferver por cerca de 20 minutos até que tudo esteja bem cozido.

Adicione o milho congelado e a couve; cubra e deixe ferver por mais 5 minutos. Bom apetite!

Medley de legumes com grão de bico

(Pronto em cerca de 30 minutos | Porções 4)

Por porção: Calorias: 369; Gordura: 18,1g; Carboidratos: 43,5g; Proteína: 13,2g

Ingredientes

2 colheres de sopa de azeite

1 cebola picada

1 pimentão picado

1 bulbo de erva-doce picado

3 dentes de alho picados

2 tomates maduros, purê

2 colheres de sopa de salsa fresca, picada grosseiramente

2 colheres de sopa de manjericão fresco, picado grosseiramente

2 colheres de sopa de coentro fresco, picado grosseiramente

2 xícaras de caldo de legumes

14 onças de grão de bico enlatado, escorrido

Sal kosher e pimenta preta moída a gosto

1/2 colher de chá de pimenta caiena

1 colher de chá de páprica

1 abacate, descascado e fatiado

instruções

Em uma panela de fundo grosso, aqueça o azeite em fogo médio. Quando estiver bem quente, refogue a cebola, o pimentão e o bulbo de erva-doce por cerca de 4 minutos.

Refogue o alho por cerca de 1 minuto ou até ficar aromático.

Adicione o tomate, as ervas frescas, o caldo, o grão de bico, o sal, a pimenta-do-reino, a pimenta caiena e o colorau. Deixe ferver, mexendo ocasionalmente, por cerca de 20 minutos ou até ficar cozido.

Prove e ajuste os temperos. Sirva decorado com as rodelas de abacate fresco. Bom apetite!

Molho de Feijão Quente

(Pronto em cerca de 30 minutos | Porções 10)

Por porção: Calorias: 175; Gordura: 4,7g; Carboidratos: 24,9g; Proteína: 8,8g

Ingredientes

2 latas (15 onças) de feijão Great Northern, escorrido

2 colheres de sopa de azeite

2 colheres de sopa de molho Sriracha

2 colheres de sopa de fermento nutricional

4 onças de cream cheese vegano

1/2 colher de chá de páprica

1/2 colher de chá de pimenta caiena

1/2 colher de chá de cominho em pó

Sal marinho e pimenta preta moída a gosto

4 onças de chips de tortilla

instruções

Comece pré-aquecendo o forno a 360 graus F.

Pulse todos os ingredientes, exceto as tortilhas, no processador de alimentos até atingir a consistência desejada.

Asse o molho no forno pré-aquecido por cerca de 25 minutos ou até ficar bem quente.

Sirva com chips de tortilla e divirta-se!

Salada de Soja Estilo Chinês

(Pronto em cerca de 10 minutos | Porções 4)

Por porção: Calorias: 265; Gordura: 13,7g; Carboidratos: 21g; Proteína: 18g

Ingredientes

1 lata (15 onças) de soja, escorrida

1 xícara de rúcula

1 xícara de espinafre bebê

1 xícara de repolho verde picado

1 cebola em fatias finas

1/2 colher de chá de alho picado

1 colher de chá de gengibre picado

1/2 colher de chá de mostarda deliciosa

2 colheres de sopa de molho de soja

1 colher de sopa de vinagre de arroz

1 colher de sopa de suco de limão

2 colheres de sopa de tahine

1 colher de chá de xarope de agave

instruções

Em uma saladeira, coloque a soja, a rúcula, o espinafre, o repolho e a cebola; misture bem.

Em uma pequena tigela, misture os ingredientes restantes para o molho.

Tempere sua salada e sirva imediatamente. Bom apetite!

Ensopado de Lentilhas e Legumes à Moda Antiga

(Pronto em cerca de 25 minutos | Porções 5)

Por porção: Calorias: 475; Gordura: 17,3g; Carboidratos: 61,4g; Proteína: 23,7g

Ingredientes

3 colheres de sopa de azeite

1 cebola grande picada

1 cenoura picada

1 pimentão picado

1 pimenta habanero picada

3 dentes de alho picados

Sal kosher e pimenta preta, a gosto

1 colher de chá de cominho em pó

1 colher de chá de páprica defumada

1 lata (28 onças) de tomate esmagado

2 colheres de sopa de ketchup de tomate

4 xícaras de caldo de legumes

3/4 libra de lentilhas vermelhas secas, embebidas durante a noite e escorridas

1 abacate fatiado

instruções

Em uma panela de fundo grosso, aqueça o azeite em fogo médio. Quando estiver bem quente, refogue a cebola, a cenoura e o pimentão por cerca de 4 minutos.

Refogue o alho por cerca de 1 minuto ou mais.

Adicione os temperos, o tomate, o ketchup, o caldo e as lentilhas em lata. Deixe ferver, mexendo ocasionalmente, por cerca de 20 minutos ou até ficar cozido.

Sirva decorado com as rodelas de abacate. Bom apetite!

Chana Masala indiana

(Pronto em cerca de 15 minutos | Porções 4)

Por porção: Calorias: 305; Gordura: 17,1g; Carboidratos: 30,1g; Proteína: 9,4g

Ingredientes

1 xícara de tomate em purê

1 pimenta malagueta da Caxemira picada

1 chalota grande picada

1 colher de chá de gengibre fresco, descascado e ralado

4 colheres de sopa de azeite

2 dentes de alho picados

1 colher de chá de sementes de coentro

1 colher de chá de garam masala

1/2 colher de chá de açafrão em pó

Sal marinho e pimenta preta moída a gosto

1/2 xícara de caldo de legumes

16 onças de grão de bico enlatado

1 colher de sopa de suco de limão fresco

instruções

No liquidificador ou processador de alimentos, misture os tomates, a pimenta malagueta da Caxemira, a cebola e o gengibre até formar uma pasta.

Em uma panela, aqueça o azeite em fogo médio. Quando estiver bem quente, cozinhe a pasta preparada e o alho por cerca de 2 minutos.

Adicione os temperos restantes, o caldo e o grão de bico. Aumente o fogo para ferver. Continue a ferver por mais 8 minutos ou até estar cozido.

Retire do fogo. Regue com suco de limão fresco por cima de cada porção. Bom apetite!

Patê de Feijão Vermelho

(Pronto em cerca de 10 minutos | Porções 8)

Por porção: Calorias: 135; Gordura: 12,1g; Carboidratos: 4,4g; Proteína: 1,6g

Ingredientes

2 colheres de sopa de azeite

1 cebola picada

1 pimentão picado

2 dentes de alho picados

2 xícaras de feijão vermelho, cozido e escorrido

1/4 xícara de azeite

1 colher de chá de mostarda moída na pedra

2 colheres de sopa de salsa fresca picada

2 colheres de sopa de manjericão fresco picado

Sal marinho e pimenta preta moída a gosto

instruções

Em uma panela, aqueça o azeite em fogo médio-alto. Agora, cozinhe a cebola, o pimentão e o alho até ficarem macios ou cerca de 3 minutos.

Adicione a mistura salteada ao liquidificador; adicione os ingredientes restantes. Bata os ingredientes no liquidificador ou processador de alimentos até ficar homogêneo e cremoso.

Bom apetite!

Tigela de Lentilha Marrom

(Pronto em cerca de 20 minutos + tempo de resfriamento | Porções 4)

Por porção: Calorias: 452; Gordura: 16,6g; Carboidratos: 61,7g; Proteína: 16,4g

Ingredientes

1 xícara de lentilhas marrons, deixadas de molho durante a noite e escorridas

3 xícaras de água

2 xícaras de arroz integral, cozido

1 abobrinha em cubos

1 cebola roxa picada

1 colher de chá de alho picado

1 pepino fatiado

1 pimentão fatiado

4 colheres de sopa de azeite

1 colher de sopa de vinagre de arroz

2 colheres de sopa de suco de limão

2 colheres de sopa de molho de soja

1/2 colher de chá de orégano seco

1/2 colher de chá de cominho em pó

Sal marinho e pimenta preta moída a gosto

2 xícaras de rúcula

2 xícaras de alface romana, rasgada em pedaços

instruções

Adicione as lentilhas marrons e a água em uma panela e leve para ferver em fogo alto. Em seguida, leve o fogo para ferver e continue cozinhando por 20 minutos ou até ficar macio.

Coloque as lentilhas em uma saladeira e deixe esfriar completamente.

Adicione os ingredientes restantes e misture bem. Sirva em temperatura ambiente ou bem gelado. Bom apetite!

Sopa de Feijão Anasazi Quente e Picante

(Pronto em cerca de 1 hora e 10 minutos | Porções 5)

Por porção: Calorias: 352; Gordura: 8,5g; Carboidratos: 50,1g; Proteína: 19,7g

Ingredientes

2 xícaras de feijão Anasazi, embebido durante a noite, escorrido e enxaguado

8 xícaras de água

2 folhas de louro

3 colheres de sopa de azeite

2 cebolas médias picadas

2 pimentões picados

1 pimenta habanero picada

3 dentes de alho, prensados ou picados

Sal marinho e pimenta preta moída a gosto

instruções

Em uma panela de sopa, leve o feijão Anasazi e a água para ferver. Depois de ferver, leve o fogo para ferver. Adicione as folhas de louro e deixe cozinhar por cerca de 1 hora ou até ficar macio.

Enquanto isso, em uma panela de fundo grosso, aqueça o azeite em fogo médio-alto. Agora, refogue a cebola, o pimentão e o alho por cerca de 4 minutos até ficarem macios.

Adicione a mistura salteada ao feijão cozido. Tempere com sal e pimenta preta.

Continue a ferver, mexendo ocasionalmente, por mais 10 minutos ou até que tudo esteja cozido. Bom apetite!

Salada de Ervilha Preta (Ñebbe)

(Pronto em cerca de 1 hora | Porções 5)

Por porção: Calorias: 471; Gordura: 17,5g; Carboidratos: 61,5g; Proteína: 20,6g

Ingredientes

2 xícaras de feijão-fradinho seco, embebido durante a noite e escorrido

2 colheres de sopa de folhas de manjericão picadas

2 colheres de sopa de folhas de salsa picadas

1 chalota picada

1 pepino fatiado

2 pimentões, sem sementes e cortados em cubos

1 pimenta Scotch Bonnet, sem sementes e picada finamente

1 xícara de tomate cereja, cortado em quartos

Sal marinho e pimenta preta moída a gosto

2 colheres de sopa de suco de limão fresco

1 colher de sopa de vinagre de maçã

1/4 xícara de azeite extra-virgem

1 abacate, descascado, sem caroço e fatiado

instruções

Cubra as ervilhas com água por 5 centímetros e deixe ferver suavemente. Deixe ferver por cerca de 15 minutos.

Em seguida, leve ao fogo para ferver por cerca de 45 minutos. Deixe esfriar completamente.

Coloque as ervilhas em uma saladeira. Adicione o manjericão, a salsa, a chalota, o pepino, o pimentão, o tomate cereja, o sal e a pimenta-do-reino.

Em uma tigela, misture o suco de limão, o vinagre e o azeite.

Tempere a salada, decore com abacate fresco e sirva imediatamente. Bom apetite!

O famoso pimentão da mamãe

(Pronto em cerca de 1 hora e 30 minutos | Porções 5)

Por porção: Calorias: 455; Gordura: 10,5g; Carboidratos: 68,6g; Proteína: 24,7g

Ingredientes

1 quilo de feijão preto vermelho, embebido durante a noite e escorrido

3 colheres de sopa de azeite

1 cebola roxa grande, cortada em cubos

2 pimentões cortados em cubos

1 pimenta poblano picada

1 cenoura grande, aparada e cortada em cubos

2 dentes de alho picados

2 folhas de louro

1 colher de chá de pimenta mista

Sal kosher e pimenta caiena, a gosto

1 colher de sopa de páprica

2 tomates maduros, purê

2 colheres de sopa de ketchup de tomate

3 xícaras de caldo de legumes

instruções

Cubra o feijão embebido com uma nova muda de água fria e deixe ferver. Deixe ferver por cerca de 10 minutos. Leve o fogo para ferver e continue cozinhando por 50 a 55 minutos ou até ficar macio.

Em uma panela de fundo grosso, aqueça o azeite em fogo médio. Quando estiver bem quente, refogue a cebola, o pimentão e a cenoura.

Refogue o alho por cerca de 30 segundos ou até ficar aromático.

Adicione os ingredientes restantes junto com o feijão cozido. Deixe ferver, mexendo ocasionalmente, por 25 a 30 minutos ou até ficar cozido.

Descarte as folhas de louro, coloque em tigelas individuais e sirva quente!

Salada Cremosa de Grão de Bico com Pinhões

(Pronto em cerca de 10 minutos | Porções 4)

Por porção: Calorias: 386; Gordura: 22,5g; Carboidratos: 37,2g; Proteína: 12,9g

Ingredientes

16 onças de grão de bico enlatado, escorrido

1 colher de chá de alho picado

1 chalota picada

1 xícara de tomate cereja, cortado pela metade

1 pimentão, sem sementes e fatiado

1/4 xícara de manjericão fresco picado

1/4 xícara de salsa fresca picada

1/2 xícara de maionese vegana

1 colher de sopa de suco de limão

1 colher de chá de alcaparras escorridas

Sal marinho e pimenta preta moída a gosto

2 onças de pinhões

instruções

Coloque o grão de bico, os legumes e as ervas em uma saladeira.

Adicione a maionese, o suco de limão, as alcaparras, o sal e a pimenta-do-reino. Mexa para combinar.

Cubra com pinhões e sirva imediatamente. Bom apetite!

Tigela Buda de Feijão Preto

(Pronto em cerca de 1 hora | Porções 4)

Por porção: Calorias: 365; Gordura: 14,1g; Carboidratos: 45,6g; Proteína: 15,5g

Ingredientes

1/2 libra de feijão preto, embebido durante a noite e escorrido

2 xícaras de arroz integral, cozido

1 cebola de tamanho médio, cortada em fatias finas

1 xícara de pimentão, sem sementes e fatiado

1 pimenta jalapeno, sem sementes e fatiada

2 dentes de alho picados

1 xícara de rúcula

1 xícara de espinafre bebê

1 colher de chá de raspas de limão

1 colher de sopa de mostarda Dijon

1/4 xícara de vinagre de vinho tinto

1/4 xícara de azeite extra-virgem

2 colheres de sopa de xarope de agave

Sal marinho em flocos e pimenta preta moída a gosto

1/4 xícara de salsa italiana fresca, picada grosseiramente

instruções

Cubra o feijão embebido com uma nova muda de água fria e deixe ferver. Deixe ferver por cerca de 10 minutos. Leve o fogo para ferver e continue cozinhando por 50 a 55 minutos ou até ficar macio.

Para servir, divida o feijão e o arroz em tigelas; cubra com os legumes.

Em uma pequena tigela, misture bem as raspas de limão, a mostarda, o vinagre, o azeite, o xarope de agave, o sal e a pimenta. Regue o vinagrete sobre a salada.

Decore com salsa italiana fresca. Bom apetite!

Ensopado de grão de bico do Oriente Médio

(Pronto em cerca de 20 minutos | Porções 4)

Por porção: Calorias: 305; Gordura: 11,2g; Carboidratos: 38,6g; Proteína: 12,7g

Ingredientes

1 cebola picada

1 pimenta malagueta picada

2 dentes de alho picados

1 colher de chá de sementes de mostarda

1 colher de chá de sementes de coentro

1 folha de louro

1/2 xícara de purê de tomate

2 colheres de sopa de azeite

1 aipo com folhas picadas

2 cenouras médias, aparadas e picadas

2 xícaras de caldo de legumes

1 colher de chá de cominho em pó

1 pau de canela pequeno

16 onças de grão de bico enlatado, escorrido

2 xícaras de acelga, rasgada em pedaços

instruções

No liquidificador ou processador de alimentos, bata a cebola, a pimenta malagueta, o alho, as sementes de mostarda, as sementes de coentro, o louro e o purê de tomate até formar uma pasta.

Em uma panela, aqueça o azeite até chiar. Agora, cozinhe o aipo e as cenouras por cerca de 3 minutos ou até amolecerem. Adicione a pasta e continue cozinhando por mais 2 minutos.

Em seguida, acrescente o caldo de legumes, o cominho, a canela e o grão de bico; Deixe ferver ligeiramente.

Leve ao fogo para ferver e deixe cozinhar por 6 minutos; dobre a acelga e continue cozinhando por mais 4 a 5 minutos ou até que as folhas murchem. Sirva quente e divirta-se!

Molho de Lentilha e Tomate

(Pronto em cerca de 10 minutos | Porções 8)

Por porção: Calorias: 144; Gordura: 4,5g; Carboidratos: 20,2g; Proteína: 8,1g

Ingredientes

16 onças de lentilhas, fervidas e escorridas

4 colheres de sopa de tomate seco picado

1 xícara de pasta de tomate

4 colheres de sopa de tahine

1 colher de chá de mostarda moída na pedra

1 colher de chá de cominho em pó

1/4 colher de chá de folha de louro moída

1 colher de chá de pimenta vermelha em flocos

Sal marinho e pimenta preta moída a gosto

instruções

Bata todos os ingredientes no liquidificador ou processador de alimentos até atingir a consistência desejada.

Coloque na geladeira até a hora de servir.

Sirva com fatias de pão pita torrado ou palitos de vegetais. Aproveitar!

Salada Cremosa De Ervilha Verde

(Pronto em cerca de 10 minutos + tempo de resfriamento | Porções 6)

Por porção: Calorias: 154; Gordura: 6,7g; Carboidratos: 17,3g; Proteína: 6,9g

Ingredientes

2 latas (14,5 onças) de ervilhas verdes, escorridas

1/2 xícara de maionese vegana

1 colher de chá de mostarda Dijon

2 colheres de sopa de cebolinha picada

2 picles picados

1/2 xícara de cogumelos marinados, picados e escorridos

1/2 colher de chá de alho picado

Sal marinho e pimenta preta moída a gosto

instruções

Coloque todos os ingredientes em uma saladeira. Mexa delicadamente para combinar.

Coloque a salada na geladeira até a hora de servir.

Bom apetite!

Hummus de Za'atar do Oriente Médio

(Pronto em cerca de 10 minutos | Porções 8)

Por porção: Calorias: 140; Gordura: 8,5g; Carboidratos: 12,4g; Proteína: 4,6g

Ingredientes

10 onças de grão de bico, cozido e escorrido

1/4 xícara de tahine

2 colheres de sopa de azeite extra-virgem

2 colheres de sopa de tomate seco picado

1 limão espremido na hora

2 dentes de alho picados

Sal kosher e pimenta preta moída a gosto

1/2 colher de chá de páprica defumada

1 colher de chá de Za'atar

instruções

Bata todos os ingredientes no processador de alimentos até ficar cremoso e uniforme.

Coloque na geladeira até a hora de servir.

Bom apetite!

Salada de Lentilha com Pinhões

(Pronto em cerca de 20 minutos + tempo de resfriamento | Porções 3)

Por porção: Calorias: 332; Gordura: 19,7g; Carboidratos: 28,2g; Proteína: 12,2g

Ingredientes

1/2 xícara de lentilhas marrons

1 ½ xícara de caldo de legumes

1 cenoura cortada em palitos de fósforo

1 cebola pequena picada

1 pepino fatiado

2 dentes de alho picados

3 colheres de sopa de azeite extra-virgem

1 colher de sopa de vinagre de vinho tinto

2 colheres de sopa de suco de limão

2 colheres de sopa de manjericão picado

2 colheres de sopa de salsa picada

2 colheres de sopa de cebolinha picada

Sal marinho e pimenta preta moída a gosto

2 colheres de sopa de pinhões, picados grosseiramente

instruções

Adicione as lentilhas marrons e o caldo de legumes a uma panela e leve para ferver em fogo alto. Em seguida, leve o fogo para ferver e continue cozinhando por 20 minutos ou até ficar macio.

Coloque as lentilhas em uma saladeira.

Adicione os legumes e misture bem. Em uma tigela, misture o azeite, o vinagre, o suco de limão, o manjericão, a salsa, a cebolinha, o sal e a pimenta-do-reino.

Tempere a salada, decore com pinhões e sirva em temperatura ambiente. Bom apetite!

Salada Quente de Feijão Anasazi

(Pronto em cerca de 1 hora | Porções 5)

Por porção: Calorias: 482; Gordura: 23,1g; Carboidratos: 54,2g; Proteína: 17,2g

Ingredientes

2 xícaras de feijão Anasazi, embebido durante a noite, escorrido e enxaguado

6 xícaras de água

1 pimenta poblano picada

1 cebola picada

1 xícara de tomate cereja, cortado pela metade

2 xícaras de verduras misturadas, cortadas em pedaços

Vestir:

1 colher de chá de alho picado

1/2 xícara de azeite extra-virgem

1 colher de sopa de suco de limão

2 colheres de sopa de vinagre de vinho tinto

1 colher de sopa de mostarda moída na pedra

1 colher de sopa de molho de soja

1/2 colher de chá de orégano seco

1/2 colher de chá de manjericão seco

Sal marinho e pimenta preta moída a gosto

instruções

Em uma panela, leve o feijão Anasazi e a água para ferver. Depois de ferver, leve ao fogo para ferver e deixe cozinhar por cerca de 1 hora ou até ficar macio.

Escorra o feijão cozido e coloque-o numa saladeira; adicione os outros ingredientes da salada.

Em seguida, em uma tigela pequena, misture todos os ingredientes do molho até ficar bem misturado. Tempere sua salada e misture bem. Sirva em temperatura ambiente e divirta-se!

Ensopado Mnazaleh Tradicional

(Pronto em cerca de 25 minutos | Porções 4)

Por porção: Calorias: 439; Gordura: 24g; Carboidratos: 44,9g; Proteína: 13,5g

Ingredientes

4 colheres de sopa de azeite

1 cebola picada

1 berinjela grande, descascada e cortada em cubos

1 xícara de cenoura picada

2 dentes de alho picados

2 tomates grandes, purê

1 colher de chá de tempero Baharat

2 xícaras de caldo de legumes

14 onças de grão de bico enlatado, escorrido

Sal kosher e pimenta preta moída a gosto

1 abacate de tamanho médio, sem caroço, descascado e fatiado

instruções

Em uma panela de fundo grosso, aqueça o azeite em fogo médio. Quando estiver bem quente, refogue a cebola, a berinjela e a cenoura por cerca de 4 minutos.

Refogue o alho por cerca de 1 minuto ou até ficar aromático.

Adicione os tomates, o tempero Baharat, o caldo e o grão de bico em lata. Deixe ferver, mexendo ocasionalmente, por cerca de 20 minutos ou até ficar cozido.

Tempere com sal e pimenta. Sirva decorado com fatias de abacate fresco. Bom apetite!

Pasta de lentilha vermelha apimentada

(Pronto em cerca de 25 minutos | Porções 9)

Por porção: Calorias: 193; Gordura: 8,5g; Carboidratos: 22,3g; Proteína: 8,5g

Ingredientes

1 ½ xícara de lentilhas vermelhas, embebidas durante a noite e escorridas

4 ½ xícaras de água

1 raminho de alecrim

2 folhas de louro

2 pimentões assados, sem sementes e cortados em cubos

1 chalota picada

2 dentes de alho picados

1/4 xícara de azeite

2 colheres de sopa de tahine

Sal marinho e pimenta preta moída a gosto

instruções

Coloque as lentilhas vermelhas, a água, o alecrim e o louro numa panela e leve para ferver em fogo alto. Em seguida, leve o fogo para ferver e continue cozinhando por 20 minutos ou até ficar macio.

Coloque as lentilhas em um processador de alimentos.

Adicione os ingredientes restantes e processe até que tudo esteja bem incorporado.

Bom apetite!

Ervilha de neve temperada e frita no wok

(Pronto em cerca de 10 minutos | Porções 4)

Por porção: Calorias: 196; Gordura: 8,7g; Carboidratos: 23g; Proteína: 7,3g

Ingredientes

2 colheres de sopa de óleo de gergelim

1 cebola picada

1 cenoura aparada e picada

1 colher de chá de pasta de gengibre e alho

1 libra de ervilhas

Pimenta Szechuan, a gosto

1 colher de chá de molho Sriracha

2 colheres de sopa de molho de soja

1 colher de sopa de vinagre de arroz

instruções

Aqueça o óleo de gergelim em uma wok até chiar. Agora, frite a cebola e a cenoura por 2 minutos ou até ficarem crocantes e macias.

Adicione a pasta de gengibre e alho e continue cozinhando por mais 30 segundos.

Adicione as ervilhas e frite em fogo alto por cerca de 3 minutos até ficar levemente carbonizado.

Em seguida, junte a pimenta, o Sriracha, o molho de soja e o vinagre de arroz e frite por mais 1 minuto. Sirva imediatamente e divirta-se!

Pimentão rápido todos os dias

(Pronto em cerca de 35 minutos | Porções 5)

Por porção: Calorias: 345; Gordura: 8,7g; Carboidratos: 54,5g; Proteína: 15,2g

Ingredientes

2 colheres de sopa de azeite

1 cebola grande picada

1 aipo com folhas, aparadas e cortadas em cubos

1 cenoura aparada e cortada em cubos

1 batata doce, descascada e cortada em cubos

3 dentes de alho picados

1 pimenta jalapeño picada

1 colher de chá de pimenta caiena

1 colher de chá de sementes de coentro

1 colher de chá de sementes de erva-doce

1 colher de chá de páprica

2 xícaras de tomate cozido, esmagado

2 colheres de sopa de ketchup de tomate

2 colheres de chá de grânulos de caldo vegano

1 xícara de água

1 xícara de creme de cebola

2 libras de feijão enlatado, escorrido

1 limão fatiado

instruções

Em uma panela de fundo grosso, aqueça o azeite em fogo médio. Quando estiver bem quente, refogue a cebola, o aipo, a cenoura e a batata-doce por cerca de 4 minutos.

Refogue o alho e a pimenta jalapeno por cerca de 1 minuto ou mais.

Adicione os temperos, o tomate, o ketchup, os grânulos de caldo vegano, a água, o creme de cebola e o feijão enlatado. Deixe ferver, mexendo ocasionalmente, por cerca de 30 minutos ou até ficar cozido.

Sirva decorado com as rodelas de limão. Bom apetite!

Salada Cremosa De Ervilha Preta

(Pronto em cerca de 1 hora | Porções 5)

Por porção: Calorias: 325; Gordura: 8,6g; Carboidratos: 48,2g; Proteína: 17,2g

Ingredientes

1 ½ xícara de feijão-fradinho, embebido durante a noite e escorrido

4 talos de cebolinha, fatiados

1 cenoura cortada em juliana

1 xícara de repolho verde picado

2 pimentões, sem sementes e picados

2 tomates médios, picados

1 colher de sopa de tomate seco picado

1 colher de chá de alho picado

1/2 xícara de maionese vegana

1 colher de sopa de suco de limão

1/4 xícara de vinagre de vinho branco

Sal marinho e pimenta preta moída a gosto

instruções

Cubra as ervilhas com água por 5 centímetros e deixe ferver suavemente. Deixe ferver por cerca de 15 minutos.

Em seguida, leve ao fogo para ferver por cerca de 45 minutos. Deixe esfriar completamente.

Coloque as ervilhas em uma saladeira. Adicione os ingredientes restantes e misture bem. Bom apetite!

Abacates Recheados com Grão de Bico

(Pronto em cerca de 10 minutos | Porções 4)

Por porção: Calorias: 205; Gordura: 15,2g; Carboidratos: 16,8g; Proteína: 4,1g

Ingredientes

2 abacates, sem caroço e cortados ao meio

1/2 limão, espremido na hora

4 colheres de sopa de cebolinha picada

1 dente de alho picado

1 tomate médio picado

1 pimentão, sem sementes e picado

1 pimenta vermelha, sem sementes e picada

2 onças de grão de bico, cozido ou repolho, escorrido

Sal kosher e pimenta preta moída a gosto

instruções

Coloque seus abacates em uma travessa. Regue cada abacate com suco de limão.

Em uma tigela, misture delicadamente os ingredientes restantes do recheio até incorporar bem.

Recheie os abacates com a mistura preparada e sirva imediatamente. Bom apetite!

Sopa de feijao preto

(Pronto em cerca de 1 hora e 50 minutos | Porções 4)

Por porção: Calorias: 505; Gordura: 11,6g; Carboidratos: 80,3g; Proteína: 23,2g

Ingredientes

2 xícaras de feijão preto, demolhado durante a noite e escorrido

1 raminho de tomilho

2 colheres de sopa de óleo de coco

2 cebolas picadas

1 costela de aipo picada

1 cenoura descascada e picada

1 pimenta italiana, sem sementes e picada

1 pimenta malagueta, sem sementes e picada

4 dentes de alho, prensados ou picados

Sal marinho e pimenta preta moída na hora, a gosto

1/2 colher de chá de cominho em pó

1/4 colher de chá de folha de louro moída

1/4 colher de chá de pimenta da Jamaica moída

1/2 colher de chá de manjericão seco

4 xícaras de caldo de legumes

1/4 xícara de coentro fresco picado

2 onças de chips de tortilla

instruções

Em uma panela de sopa, leve o feijão e 6 xícaras de água para ferver. Depois de ferver, leve o fogo para ferver. Adicione o raminho de tomilho e deixe cozinhar por cerca de 1 hora e 30 minutos ou até ficar macio.

Enquanto isso, em uma panela de fundo grosso, aqueça o azeite em fogo médio-alto. Agora, refogue a cebola, o aipo, a cenoura e o pimentão por cerca de 4 minutos até ficarem macios.

Em seguida, refogue o alho por cerca de 1 minuto ou até ficar perfumado.

Adicione a mistura salteada ao feijão cozido. Em seguida, adicione o sal, a pimenta-do-reino, o cominho, o louro moído, a pimenta da Jamaica moída, o manjericão seco e o caldo de legumes.

Continue a ferver, mexendo ocasionalmente, por mais 15 minutos ou até que tudo esteja cozido.

Decore com coentro fresco e chips de tortilla. Bom apetite!

Salada de Lentilha Beluga com Ervas

(Pronto em cerca de 20 minutos + tempo de resfriamento | Porções 4)

Por porção: Calorias: 364; Gordura: 17g; Carboidratos: 40,2g; Proteína: 13,3g

Ingredientes

1 xícara de lentilhas vermelhas

3 xícaras de água

1 xícara de tomate uva, cortado pela metade

1 pimentão verde, sem sementes e cortado em cubos

1 pimentão vermelho, sem sementes e cortado em cubos

1 pimenta vermelha, sem sementes e cortada em cubos

1 pepino fatiado

4 colheres de sopa de chalotas picadas

2 colheres de sopa de salsa fresca, picada grosseiramente

2 colheres de sopa de coentro fresco, picado grosseiramente

2 colheres de sopa de cebolinha fresca, picada grosseiramente

2 colheres de sopa de manjericão fresco, picado grosseiramente

1/4 xícara de azeite

1/2 colher de chá de sementes de cominho

1/2 colher de chá de gengibre picado

1/2 colher de chá de alho picado

1 colher de chá de xarope de agave

2 colheres de sopa de suco de limão fresco

1 colher de chá de raspas de limão

Sal marinho e pimenta preta moída a gosto

2 onças de azeitonas pretas, sem caroço e cortadas ao meio

instruções

Adicione as lentilhas marrons e a água em uma panela e leve para ferver em fogo alto. Em seguida, leve o fogo para ferver e continue cozinhando por 20 minutos ou até ficar macio.

Coloque as lentilhas em uma saladeira.

Adicione os vegetais e as ervas e misture bem. Numa tigela, misture o azeite, as sementes de cominho, o gengibre, o alho, o xarope de agave, o suco de limão, as raspas de limão, o sal e a pimenta-do-reino.

Tempere a salada, decore com azeitonas e sirva em temperatura ambiente. Bom apetite!

Salada de Feijão Italiana

(Pronto em cerca de 1 hora + tempo de resfriamento | Porções 4)

Por porção: Calorias: 495; Gordura: 21,1g; Carboidratos: 58,4g; Proteína: 22,1g

Ingredientes

3/4 libra de feijão cannellini, embebido durante a noite e escorrido

2 xícaras de florzinhas de couve-flor

1 cebola roxa em fatias finas

1 colher de chá de alho picado

1/2 colher de chá de gengibre picado

1 pimenta jalapeño picada

1 xícara de tomate uva, esquartejado

1/3 xícara de azeite extra-virgem

1 colher de sopa de suco de limão

1 colher de chá de mostarda Dijon

1/4 xícara de vinagre branco

2 dentes de alho prensados

1 colher de chá de mistura de ervas italianas

Sal kosher e pimenta preta moída, para temperar

2 onças de azeitonas verdes, sem caroço e fatiadas

instruções

Cubra o feijão embebido com uma nova muda de água fria e deixe ferver. Deixe ferver por cerca de 10 minutos. Leve o fogo para ferver e continue cozinhando por 60 minutos ou até ficar macio.

Enquanto isso, ferva os floretes de couve-flor por cerca de 6 minutos ou até ficarem macios.

Deixe o feijão e a couve-flor esfriarem completamente; em seguida, transfira-os para uma saladeira.

Adicione os ingredientes restantes e misture bem. Prove e ajuste os temperos.

Bom apetite!

Tomate Recheado De Feijão Branco

(Pronto em cerca de 10 minutos | Porções 3)

Por porção: Calorias: 245; Gordura: 14,9g; Carboidratos: 24,4g; Proteína: 5,1g

Ingredientes

3 tomates médios, corte uma fatia fina de cima e retire a polpa

1 cenoura ralada

1 cebola roxa picada

1 dente de alho descascado

1/2 colher de chá de manjericão seco

1/2 colher de chá de orégano seco

1 colher de chá de alecrim seco

3 colheres de sopa de azeite

3 onças de feijão branco enlatado, escorrido

3 onças de grãos de milho doce, descongelados

1/2 xícara de chips de tortilha esmagados

instruções

Coloque os tomates em uma travessa.

Em uma tigela, misture os demais ingredientes do recheio até que tudo esteja bem misturado.

Recheie os abacates e sirva imediatamente. Bom apetite!

Sopa de ervilha de inverno

(Pronto em cerca de 1 hora e 5 minutos | Porções 5)

Por porção: Calorias: 147; Gordura: 6g; Carboidratos: 13,5g; Proteína: 7,5g

Ingredientes

2 colheres de sopa de azeite

1 cebola picada

1 cenoura picada

1 pastinaga picada

1 xícara de bulbos de erva-doce picados

2 dentes de alho picados

2 xícaras de feijão-fradinho seco, demolhado durante a noite

5 xícaras de caldo de legumes

Sal kosher e pimenta preta moída na hora, para temperar

instruções

Num forno holandês, aqueça o azeite em fogo médio-alto. Quando estiver bem quente, refogue a cebola, a cenoura, a pastinaca e a erva-doce por 3 minutos ou até ficarem macias.

Adicione o alho e continue refogando por 30 segundos ou até ficar aromático.

Adicione as ervilhas, o caldo de legumes, o sal e a pimenta-do-reino. Continue a cozinhar, parcialmente coberto, por mais 1 hora ou até estar cozido.

Bom apetite!

Rissóis de Feijão Vermelho

(Pronto em cerca de 15 minutos | Porções 4)

Por porção: Calorias: 318; Gordura: 15,1g; Carboidratos: 36,5g; Proteína: 10,9g

Ingredientes

12 onças de feijão vermelho enlatado ou cozido, escorrido

1/3 xícara de aveia à moda antiga

1/4 xícara de farinha multiuso

1 colher de chá de fermento em pó

1 chalota pequena picada

2 dentes de alho picados

Sal marinho e pimenta preta moída a gosto

1 colher de chá de páprica

1/2 colher de chá de pimenta em pó

1/2 colher de chá de folha de louro moída

1/2 colher de chá de cominho em pó

1 ovo de chia

4 colheres de sopa de azeite

instruções

Coloque o feijão em uma tigela e amasse-o com um garfo.

Misture bem o feijão, a aveia, a farinha, o fermento, a cebola, o alho, o sal, a pimenta-do-reino, o colorau, a pimenta em pó, o louro moído, o cominho e o ovo de chia.

Molde a mistura em quatro hambúrgueres.

Em seguida, aqueça o azeite numa frigideira em fogo moderadamente alto. Frite os hambúrgueres por cerca de 8 minutos, virando-os uma ou duas vezes.

Sirva com suas coberturas favoritas. Bom apetite!

Hambúrgueres Caseiros De Ervilha

(Pronto em cerca de 15 minutos | Porções 4)

Por porção: Calorias: 467; Gordura: 19,1g; Carboidratos: 58,5g; Proteína: 15,8g

Ingredientes

1 libra de ervilhas verdes, congeladas e descongeladas

1/2 xícara de farinha de grão de bico

1/2 xícara de farinha simples

1/2 xícara de pão ralado

1 colher de chá de fermento em pó

2 ovos de linhaça

1 colher de chá de páprica

1/2 colher de chá de manjericão seco

1/2 colher de chá de orégano seco

Sal marinho e pimenta preta moída a gosto

4 colheres de sopa de azeite

4 pães de hambúrguer

instruções

Em uma tigela, misture bem as ervilhas, a farinha, o pão ralado, o fermento, os ovos de linhaça, a páprica, o manjericão, o orégano, o sal e a pimenta-do-reino.

Molde a mistura em quatro hambúrgueres.

Em seguida, aqueça o azeite numa frigideira em fogo moderadamente alto. Frite os hambúrgueres por cerca de 8 minutos, virando-os uma ou duas vezes.

Sirva em pães de hambúrguer e divirta-se!

Ensopado de Feijão Preto e Espinafre

(Pronto em cerca de 1 hora e 35 minutos | Porções 4)

Por porção: Calorias: 459; Gordura: 9,1g; Carboidratos: 72g; Proteína: 25,4g

Ingredientes

2 xícaras de feijão preto, demolhado durante a noite e escorrido

2 colheres de sopa de azeite

1 cebola, descascada, cortada ao meio

1 pimenta jalapeño fatiada

2 pimentões, sem sementes e fatiados

1 xícara de cogumelos botão, fatiados

2 dentes de alho picados

2 xícaras de caldo de legumes

1 colher de chá de páprica

Sal kosher e pimenta preta moída a gosto

1 folha de louro

2 xícaras de espinafre, rasgado em pedaços

instruções

Cubra o feijão embebido com uma nova muda de água fria e deixe ferver. Deixe ferver por cerca de 10 minutos. Leve o fogo para ferver e continue cozinhando por 50 a 55 minutos ou até ficar macio.

Em uma panela de fundo grosso, aqueça o azeite em fogo médio. Quando estiver bem quente, refogue a cebola e o pimentão por cerca de 3 minutos.

Refogue o alho e os cogumelos por aproximadamente 3 minutos ou até que os cogumelos soltem o líquido e o alho fique perfumado.

Adicione o caldo de legumes, a páprica, o sal, a pimenta preta, o louro e o feijão cozido. Deixe ferver, mexendo ocasionalmente, por cerca de 25 minutos ou até ficar cozido.

Em seguida, acrescente o espinafre e deixe ferver, tampado, por cerca de 5 minutos. Bom apetite!

Cheesecake de framboesa crua

(Pronto em cerca de 15 minutos + tempo de resfriamento | Porções 9)

Por porção: Calorias: 385; Gordura: 22,9; Carboidratos: 41,1g; Proteína: 10,8g

Ingredientes

Crosta:

2 xícaras de amêndoas

1 xícara de tâmaras frescas, sem caroço

1/4 colher de chá de canela em pó

Enchimento:

2 xícaras de castanhas de caju cruas, embebidas durante a noite e escorridas

14 onças de amoras, congeladas

1 colher de sopa de suco de limão fresco

1/4 colher de chá de gengibre cristalizado

1 lata de creme de coco

8 tâmaras frescas, sem caroço

instruções

No processador de alimentos, misture os ingredientes da crosta até formar uma mistura; pressione a crosta em uma assadeira levemente untada com óleo.

Em seguida, misture a camada de recheio até ficar completamente homogêneo. Espalhe o recheio sobre a crosta, criando uma superfície plana com uma espátula.

Transfira o bolo para o freezer por cerca de 3 horas. Guarde em seu freezer.

Decore com cascas de frutas cítricas orgânicas. Bom apetite!

Mini Tortas De Limão

(Pronto em cerca de 15 minutos + tempo de resfriamento | Porções 9)

Por porção: Calorias: 257; Gordura: 16,5; Carboidratos: 25,4g; Proteína: 4g

Ingredientes

1 xícara cajus

1 xícara de tâmaras, sem caroço

1/2 xícara de flocos de coco

1/2 colher de chá de erva-doce moída

3 limões, espremidos na hora

1 xícara de creme de coco

2 colheres de sopa de xarope de agave

instruções

Pincele uma forma de muffin com óleo de cozinha antiaderente.

Misture as castanhas de caju, as tâmaras, o coco e a erva-doce no processador de alimentos ou no liquidificador de alta velocidade. Pressione a crosta na forma de muffin apimentada.

Em seguida, misture o limão, o creme de coco e o xarope de agave. Coloque o creme na forma de muffin.

Guarde em seu freezer. Bom apetite!

Blondies fofos de coco com passas

(Pronto em cerca de 30 minutos | Porções 9)

Por porção: Calorias: 365; Gordura: 18,5; Carboidratos: 49g; Proteína: 2,1g

Ingredientes

1 xícara de farinha de coco

1 xícara de farinha multiuso

1/2 colher de chá de fermento em pó

1/4 colher de chá de sal

1 xícara de coco ralado, sem açúcar

3/4 xícara de manteiga vegana, amolecida

1 ½ xícara de açúcar mascavo

3 colheres de sopa de purê de maçã

1/2 colher de chá de extrato de baunilha

1/2 colher de chá de anis moído

1 xícara de passas demolhadas por 15 minutos

instruções

Comece pré-aquecendo o forno a 350 graus F. Pincele uma assadeira com óleo de cozinha antiaderente.

Misture bem a farinha, o fermento, o sal e o coco. Em outra tigela, misture a manteiga, o açúcar, a purê de maçã, a baunilha e o anis. Misture a mistura de manteiga aos ingredientes secos; mexa para combinar bem.

Junte as passas. Pressione a massa na assadeira preparada.

Asse por aproximadamente 25 minutos ou até firmar no meio. Coloque o bolo sobre uma gradinha para esfriar um pouco.

Bom apetite!

Quadrados de chocolate fáceis

(Pronto em cerca de 1 hora e 10 minutos | Porções 20)

Por porção: Calorias: 187; Gordura: 13,8g; Carboidratos: 15,1g; Proteína: 2,9g

Ingredientes

1 xícara de manteiga de caju

1 xícara de manteiga de amêndoa

1/4 xícara de óleo de coco derretido

1/4 xícara de cacau em pó cru

2 onças de chocolate amargo

4 colheres de sopa de xarope de agave

1 colher de chá de pasta de baunilha

1/4 colher de chá de canela em pó

1/4 colher de chá de cravo moído

instruções

Processe todos os ingredientes no liquidificador até ficar homogêneo e homogêneo.

Raspe a massa em uma assadeira forrada de pergaminho. Coloque-o no freezer por pelo menos 1 hora para endurecer.

Corte em quadrados e sirva. Bom apetite!

Barras de biscoitos de chocolate e passas

(Pronto em cerca de 40 minutos | Porções 10)

Por porção: Calorias: 267; Gordura: 2,9g; Carboidratos: 61,1g; Proteína: 2,2g

Ingredientes

1/2 xícara de manteiga de amendoim, em temperatura ambiente

1 xícara de xarope de agave

1 colher de chá de extrato de baunilha puro

1/4 colher de chá de sal kosher

2 xícaras de farinha de amêndoa

1 colher de chá de bicarbonato de sódio

1 xícara de passas

1 xícara de chocolate vegano, quebrado em pedaços

instruções

Em uma tigela, misture bem a manteiga de amendoim, o xarope de agave, a baunilha e o sal.

Aos poucos, misture a farinha de amêndoa e o bicarbonato de sódio e misture bem. Adicione as passas e os pedaços de chocolate e mexa novamente.

Congele por cerca de 30 minutos e sirva bem gelado. Aproveitar!

Barras de granola de amêndoa

(Pronto em cerca de 25 minutos | Porções 12)

Por porção: Calorias: 147; Gordura: 5,9g; Carboidratos: 21,7g; Proteína: 5,2g

Ingredientes

1/2 xícara de farinha de espelta

1/2 xícara de farinha de aveia

1 xícara de aveia em flocos

1 colher de chá de fermento em pó

1/2 colher de chá de canela

1/2 colher de chá de cardamomo moído

1/4 colher de chá de noz-moscada ralada na hora

1/8 colher de chá de sal kosher

1 xícara de leite de amêndoa

3 colheres de sopa de xarope de agave

1/2 xícara de manteiga de amendoim

1/2 xícara de purê de maçã

1/2 colher de chá de extrato puro de amêndoa

1/2 colher de chá de extrato puro de baunilha

1/2 xícara de amêndoas em lascas

instruções

Comece pré-aquecendo o forno a 350 graus F.

Em uma tigela, misture bem a farinha, a aveia, o fermento e os temperos. Em outra tigela, misture os ingredientes molhados.

Em seguida, misture a mistura úmida com os ingredientes secos; misture para combinar bem. Junte as amêndoas lascadas.

Raspe a mistura da massa em uma assadeira forrada de pergaminho. Asse no forno pré-aquecido por cerca de 20 minutos. Deixe esfriar sobre uma gradinha. Corte em barras e divirta-se!

www.ingramcontent.com/pod-product-compliance
Lightning Source LLC
Chambersburg PA
CBHW050148130526
44591CB00033B/1172